高圧経済

WHAT IS
HIGH
PRESSURE
ECONOMY

原田 泰
飯田泰之

［編著］

YUTAKA
HARADA

YASUYUKI
IIDA

とは何か

一般社団法人 金融財政事情研究会

はじめに

　高圧経済とは、経済に金融、財政両面から圧力を加え、経済を需要超過気味に運営することである。そのことによって、労働者が失業状態から雇用され、雇用されている労働者がより高いレベルの仕事に就くことができる。それにより、労働者は実際の仕事を通じて技能を高めることができ、単に経済の稼働率を高めるというだけでなく、長期的な成長に導くことができる（第4章、第5章）という考え方である。もちろん、労働の稼働率を高めるだけでも多くの利益がある（第2章）。

　長期的に成長をもたらす経路は、ほかにもある。超過需要状態で生まれる能力増強投資と省力化投資である。前者は、資本の拡大とともに新しい技術を体現しているがゆえに生産性を高め、後者は直接労働生産性を高める（第6章）。また、不況は、多くの場合、これまでになされた技術開発投資を放棄させるきっかけとなり、新製品開発の力を弱める。一方、高圧経済は、技術開発投資をする力をもたらす（第7章）。また、これまで繰り返し生じた急激な円高は、日本経済を度々低圧経済に導き、生産性を低下させた（第3章）。そして第1章は、これらの経路を理論的に整理している。

　高圧経済は、雇用拡大、雇用の質上昇、労働技能の向上、資本蓄積の強化、R&D投資の拡大を通じて、成長率を高める。また、第8章と第9章では、高圧経済政策が行われる過程で何が起きたかを示している。

高圧経済とアベノミクスの検証

　高圧経済は大胆な金融緩和、機動的な財政政策、民間投資を喚起する成長戦略からなるアベノミクスと同一ではないが、アベノミクスの一部といってもよい。大胆な金融緩和政策によって、物価上昇率のマイナスからプラスへの反転、失業率の4％から2％あまりへの低下、雇用者数の増加、雇用環境の改善、生産性の増加、名目と実質GDPの上昇、為替レートの安定、所得格差の是正、財政赤字の縮小、自殺者の減少などの多くの成果がもたらされ

た（本書は、雇用の拡大と生産性の上昇に焦点を置いているので、自殺者の減少は論じていない。雇用環境の改善とともに自殺者が減少することについては、原田（2014、図1－7）、澤田・上田・松林（2013）参照）。

批判されるとすれば、経済は改善したが、その改善が十分なものではなかったことだ。第2章図表2－13に見るように、実質GDPの上昇率は高まり、名目GDPも物価も下落から上昇に反転した。大きく改善しているが、劇的な改善とはいえない。特に、物価の2％目標は達成できなかった。しかし、改善が不十分だったからといって、高圧経済政策が失敗だったとはいえない。本書で示すように、多くの経済指標が、高圧経済によって改善している。高圧経済の恩恵は大きい。

以下、雇用の拡大と生産性の上昇に焦点を当てて簡単に述べる。

雇用の拡大

雇用も拡大している。アベノミクスが始まる前の2012年10－12月期から2023年4－6月期までに雇用は551万人も増加した。うち、正規は307万人、非正規は244万人である。非正規ばかりが伸びていたのではなくて、正規も伸びていたのである（統計局「労働力調査」雇用形態別雇用者数）。時間当り賃金も上昇した（原田（2023）図2参照）。就職氷河期という言葉も、ブラック企業という言葉も聞かれなくなった（図表4－7の解説を参照）。

雇用の拡大とともに所得格差は縮小する。失業者は所得ゼロであるから、仕事に就くことができれば所得が上昇し、所得格差は小さくなる。これは第4章第4節で述べるとおりである。

生産性も上昇する。それは図表4－4、図表6－7に見るとおりである。また、為替レートも安定した。第3章で示すように、2013年以降、極端な円高によって日本企業が苦しむこともなくなった。同時に、生産性を低下させることもなくなった（第3章第4節）。

高圧経済の行き過ぎ

以上の議論を認めても、高圧経済が行き過ぎとなれば、インフレを引き起

こし、高圧経済政策による経済の改善効果を上回るダメージを与えるという反論があるかもしれない。たしかに、2％物価目標を有している先進国の物価上昇率をみると、2022年には、10％近くと、日本とは異なり、大きく上方に乖離している。しかし、物価は通常は徐々に上昇するものであるから、物価上昇の兆候をみて対処することは可能である。

低圧経済を選好する人がいるのはなぜか

　以上述べたように、高圧経済の成果が大きく、その危険も少ないのなら、なぜ低圧経済を選好する人がいるのだろうか。たとえば、「令和臨調」（財界が中心となって構造改革や持続可能な財政を中心に政策提言をする組織）は、執筆者の記名のない文書で、「政府と日本銀行の政策対応が、長期にわたる異次元金融緩和、バラマキ的な財政支出、労働市場改革の遅れ、既得権保護的な規制の維持によって民間部門に対して「ぬるま湯」的な環境を与え続けたことの是非も問われるべきはないか。この環境下で、積極的にリスクをとって新しいビジネスモデルや変革に挑戦する投資や起業は増えなかった。その結果、経済の新陳代謝や産業構造変化は進まず、生産性上昇率が低下して賃金は伸び悩んだ」（「令和臨調」（2023））と述べている。

　ところが、この実態認識には、大きな問題がある。すでに述べたように、大規模緩和による高圧経済によって、生産性は大規模緩和以後、それ以前と比べて上昇していた。

　そもそも、雇用環境が悪化しているときに、雇用改革を行うことは労働者の広範な反対によって無理である。また、解雇すれば、解雇されなかった労働者の生産性は高まるだろうが、解雇された労働者の生産性はゼロとなる。国民平均の生産性は低下してしまう。労働需給がひっ迫すれば、低い賃金しか払えない企業から高い賃金を払える企業に人材が流出する。高い賃金を払える企業は生産性が高く、低い賃金しか払えない企業は生産性が低い企業である。結果として、経済全体の生産性も上昇する。構造改革は雇用リストラを含むものなので、高圧経済下でこそ行うべきものである。金融緩和と同時にすればよいだけである（布野（2017））。

また、金融緩和がゾンビ企業（経営が実質的に破綻しているにもかかわらず、低金利によって存続している企業）を生むというのだが、第7章第4節で示すように、高圧経済時にこそゾンビ企業は減少する。

　事実に基づかない提言とはありえないものである。ほかに、大規模緩和の副作用といわれているものに、市場機能の歪み、財政規律の低下、日銀財務の悪化がある。しかし、いずれも誤りまたは誤解である。

市場の歪みと長短金利

　市場の歪みとは、金利が本来マーケットで決まるものを日本銀行が無理やり引き下げていることを示すらしい。しかし、マーケットで決まる金利とはなんだろうか。日本銀行が国債の買入れをしなければ金利は上昇する。結果は、不況である。不況になれば、お金を借りてくれる人が減って金利は下がる。物価も下がるから、金利はさらに下がる。現在、日本における名目の低金利は、1990年代のバブル崩壊以来、日銀が十分な緩和をしなかったがゆえに生じたものである。逆に、バブル崩壊後に大胆な金融緩和をすぐしていれば、不況はマイルドなものに収まり、物価も下落せず、名目金利はより高い水準に収まっていただろう。

　短期金利を上げるとイールドが立つ、長短金利差が拡大すると多くの市場関係者が考えているようだ。しかし、事実をみると金融引き締めでイールドが寝た場合が多い。無担保コールレート（オーバーナイト物）と長期金利（10年物国債利回り）をみると、2000年8月11日（ゼロ金利政策解除、翌日物コールレートを0.25％へ）、06年7月14日（ゼロ金利解除、0％→0.25％）、07年2月21日（0.25％→0.5％）に金融を引き締めたときには、イールドカーブは寝てしまった（長短金利差は縮小）（金融政策と長期の金利についての包括的な事例は、原田（2018）にある）。短期金利を上げたとき、イールドが寝るか立つかは、その時々の経済情勢によって異なる。短期金利を上げればイールドが立つと思うのは誤りである。なぜなら、金利を下げれば景気が刺激されて物価が上がり、最終的には金利が上がる、金利を上げれば景気が悪化して物価が下がり、最終的には金利も下がる、という金利と物価のダイナミズムがあ

るからだ。

緩和と財政規律

　大規模緩和で政府が資金調達をしやすくなるので財政規律を低下させるという議論がある。河野（2022）は、「中央銀行が長期国債をちゅうちょなく大量に購入し、それが政治的な財政膨張を助長しているのである」（289頁）、「財政政策と金融政策の事実上の一体運営によって目を覆うほどの財政規律の弛緩がすでに生じている」（351頁）と述べている。借りやすくなるから政府が無駄遣いしやすくなるのは事実だろうが、であれば、増税して財政が楽になっても無駄遣いをするだろう。これは実際に東日本大震災で起きたことだ。復興特別所得税で増税をしたが、それで政府は賢く使うようになったのだろうか。結果は、驚くべき無駄遣いである（原田（2012、第2章、第3章）、中里透（2022））。

　高圧経済によって実質GDPが増加すれば、不況対策の必要が小さくなり、名目GDPが増加すれば、税収があがる。税収が伸びれば、財政赤字は縮小する。また、第8章第3節(3)で説明するように、財政状況は多様な指標で評価しなければならない。そもそも、財政状況が改善しているのだから（原田（2022））、大規模緩和によって財政規律が強化されたと判断すべきではないか。

出口の危険論

　出口とは、金融緩和の結果、物価上昇率2％の達成がみえるようになるので、金融緩和を止めて金利を引き上げ、マネタリーベースを縮小するということである。

　出口では金利を上げなければならなくなるが、超過準備に課す付利を引き上げる方法で考える。出口の危険論者によると、日本銀行が付利を引き上げていっても、過去、日銀が購入した国債の金利は低いままだから、日銀の収益が大変な赤字になるという。たしかに、高い金利を払いながら、低い金利を受け取るのだから、赤字になる可能性がある。日銀の収益が赤字になれ

ば、あるいは債務超過に陥れば、通貨の信認が失われ、ハイパーインフレ、円の暴落、金利の急騰などが起きるというのである（河村（2023、第1章））。

　しかし、そもそも、中央銀行の損益や債務超過を気にしてお札を使う人がいるだろうか。2013年に、米国、英国、カナダの中央銀行の自己資本はほとんどゼロだった。すなわち、債務超過に近い状況にあったが、いずれの国のインフレ率も低いままだった（*The Economist*（2015））。さらに現在、英国、欧州中央銀行なども赤字で、米国は2023年6月に債務超過となっているが、何も起きていない。

結　語

　高圧経済で、多くの経済指標が、それ以前より明らかに改善した。それを無視して、成果がなかったというのは誤りである。また、副作用というものも単なる思い込みにすぎない。

　すでに物価は2022年4月から2％を超えて上がっているのだから、早く出口に向かえという議論もあるが、現在の物価上昇は世界的なエネルギー価格や穀物価格の上昇によるものである。これらの価格が永久に上がり続けるわけではない。石油が1バーレル100ドルになったから来年200ドルになるわけではない。せいぜい100ドルが続くだけである。多くのエコノミストが、消費者物価上昇率は、2022年10−12月期の3.7％をピークに鈍化し、23年度は2.67％、24年度には1.71％台に低下するとみている（「ESPフォーキャスト調査」日本経済研究センター2023年8月9日）。

　いま、急いで出口に行っては、デフレに逆戻りするだけだ。出口は、物価が安定的に2％になることを確認しながら向かえばよい。

原田　　泰・飯田　泰之

〈参考文献〉

河野龍太郎（2022）『成長の臨界：「飽和資本主義」はどこへ向かうのか』慶應義塾大学出版会

河村小百合（2023）『日本銀行　我が国に迫る危機』講談社

澤田康幸・上田路子・松林哲也（2013）『自殺のない社会へ──経済学・政治学からのエビデンスに基づくアプローチ』有斐閣

中里透（2022）「将来世代にツケは回せるか──防衛費の「倍増」について考える」Synodos、2022年12月5日

原田泰（2012）『震災復興　欺瞞の構図』新潮社

原田泰（2014）『日本を救ったリフレ派経済学』日本経済新聞出版社

原田泰（2018）「わが国の経済・物価情勢と金融政策─石川県金融経済懇談会における挨拶要旨─」日本銀行、7月4日

原田泰（2022）「日本の財政は本当に危機的なのか？「ワニの口」財政理論のカラクリとは」Diamond Online、2022年1月26日

原田泰（2023）「効果は大きく副作用は存在しない」『景気とサイクル』景気循環学会、第76号、11月

布野幸利（2017）「わが国の経済・物価情勢と金融政策─札幌市金融懇談会における挨拶要旨─」日本銀行、8月2日

令和臨調（2023）「令和臨調緊急提言　政府と日本銀行の新たな「共同声明」の作成・公表を─世界が大きく変わる中で持続的に発展する日本経済を創る─」1月30日

"Broke but never bust The ECB and Swiss National Bank should be much more relaxed about losing money," *The Economist*, Jan 22nd 2015.

【編著者略歴】（執筆当時、50音順）

飯田　泰之（いいだ　やすゆき）

明治大学政治経済学部　教授
東京大学経済学部卒業、同大学院経済学研究科博士課程単位取得退学。駒澤大学
経済学部等を経て現職。専門はマクロ経済学・経済政策。
近著に『日本史で学ぶ「貨幣と経済」』（2023年、PHP文庫）、編著に『これから
の地域再生』（2017年、晶文社）、『デフレと戦う――金融政策の有効性　レジーム
転換の実証分析』（2018年、日本経済新聞社）など。

原田　　泰（はらだ　ゆたか）

名古屋商科大学ビジネススクール　教授
東京大学農学部卒業。学習院大学経済学博士。1974年経済企画庁入庁、財務省財
務総合政策研究所次長、大和総研専務理事チーフエコノミスト、早稲田大学政治
経済学術院教授、日本銀行政策委員会審議委員などを経て現職。
著書に『昭和恐慌の研究』（共著、2004年、東洋経済新報社）、『日本国の原則』
（2007年、日本経済新聞出版社）、『日本はなぜ貧しい人が多いのか』（2009年、新
潮社）、『ベーシックインカム』（2015年、中公新書）、『石橋湛山の経済政策思
想』（共著、2021年、日本評論社）、『デフレと闘う』（2021年、中央公論新社）、
『コロナ政策の費用対効果』（2021年、ちくま新書）、『プーチンの失敗と民主主義
国の強さ』（2022年、PHP新書）ほか多数。
第47回日経・経済図書文化賞。第29回石橋湛山賞、日本統計学会第3回中村隆英
賞受賞。

【著者略歴】（執筆当時、50音順）

木野内　栄治（きのうち　えいじ）

大和証券株式会社　常務理事

チーフテクニカルアナリスト兼テーマリサーチ担当ストラテジスト

成蹊大学工学部卒業。1988年に大和証券に入社。以来一貫してマーケット分析業務に従事。2023年のアナリストランキングにおいて、日本経済新聞社調査ではテクニカル分析部門で19回目の1位を獲得、米誌Institutional Investor調査では新設されたテーマリサーチ部門で2年連続1位を獲得。

共著で大和総研編『入門の入門　経済のしくみ』（2007年、日本実業出版社）、大和証券編『大予測！「投資テーマ」別成長業界&企業』（2017年、日本経済新聞社）などを執筆。日経ヴェリタス紙でコラム執筆、景気循環学会の常務理事も務める。

2009年度景気循環学会中原奨励賞、2012年度東洋経済新報社高橋亀吉記念賞優秀賞、2021年QIUCK月次調査アワード（株式部門）などを受賞。

佐藤　綾野（さとう　あやの）

青山学院大学法学部　教授

早稲田大学大学院経済学研究科博士課程単位取得済退学、博士（経済学）。新潟産業大学、高崎経済大学を経て現職。

著書に、『ライブラリ経済学15講BASIC編国際金融論15講』（共著、2021年、新世社）、「「国際経済」から世界の趨勢を見る」飯田泰之ほか編『経済の論点がこれ1冊でわかる教養のための経済学超ガイドブック88』（2020年、亜紀書房）。

嶋津　洋樹（しまづ　ひろき）

MCPアセット・マネジメント　チーフストラテジスト

明治大学法学部卒業。三和銀行（現三菱UFJ銀行）入行。三和総合研究所（現三菱UFJリサーチ＆コンサルティング）、みずほ証券、BNPパリバ・アセットマネジメント、SMBC日興証券で内外経済、金融市場の分析などを担当。現在は東京のほか、香港、米国（シカゴ）などに拠点をもつMCPアセット・マネジメントのチーフストラテジストとして、ファンド・オブ・ヘッジファンズの投資戦略や運用方針の策定に携わる。景気循環学会監事。

鈴木　章弘（すずき　あきひろ）

　一般社団法人日本経済団体連合会経済政策本部　主事
　一橋大学経済学部卒業、シンガポール国立大学公共経営修士（MPA）修了。
　2011年一般社団法人日本経済団体連合会に入局し、現職。

永濱　利廣（ながはま　としひろ）

　第一生命経済研究所経済調査部　首席エコノミスト
　早稲田大学理工学部工業経営学科卒業、東京大学大学院経済学研究科修士課程修
　了。1995年第一生命保険入社、日本経済研究センター出向、第一生命経済研究所
　経済調査部を経て現職。
　また、総務省消費統計研究会委員、衆議院調査局内閣調査室客員調査員、跡見学
　園女子大学非常勤講師、景気循環学会常務理事、㈱あしぎん総合研究所客員研究
　員を務める。
　近著に『エコノミストの父が、子どもたちにこれだけは教えておきたい大切なお
　金の話　増補・改訂版』（2023年、ワニ・プラス）、『給料が上がらないのは、円安
　のせいですか？』（2023年、PHP研究所）、『日本病　なぜ給料と物価は安いままな
　のか』（2022年、講談社現代新書）。
　2015年度景気循環学会中原奨励賞受賞。

野村　浩二（のむら　こうじ）

　慶應義塾大学産業研究所　所長・教授
　慶應義塾大学商学部卒業、同商学研究科修士・博士課程修了。慶應義塾大学博士
　（商学）。慶應義塾大学産業研究所助手、准教授を経て現職。
　その間、ハーバード大学ケネディスクールCBGフェロー、OECD科学技術産業局
　エコノミスト、国際機関アジア生産性機構プロジェクト・マネージャー、日本政
　策投資銀行設備投資研究所客員主任研究員、内閣府経済社会総合研究所客員主任
　研究官、経済産業研究所ファカルティフェロー、国連経済社会局コンサルタン
　ト、経団連21世紀政策研究所研究主幹などを歴任。
　著書に『資本の測定―日本経済の資本深化と生産性―』（2004年、慶應義塾大学
　出版会）、『日本の経済成長とエネルギー：経済と環境の両立はいかに可能か』
　（2021年、慶應義塾大学出版会）、『Energy Productivity and Economic Growth:
　Experiences of the Japanese Industries, 1955-2019』（2023年、Springer）など。
　第48回日経・経済図書文化賞、義塾賞受賞。

浜田　宏一（はまだ　こういち）

イェール大学　名誉教授、東京大学　名誉教授
東京大学法学部卒業。1957年、司法試験合格。1960年、同大経済学部卒業、1965
年、イェール大学にて経済学博士号取得。
第2次～第4次安倍内閣（2012～2020年）官房参与。イェール大学名誉教授。東
京大学名誉教授。国際金融論に対するゲーム理論の応用で国際的な注目を浴び
る。日本のバブル崩壊後の経済停滞については金融政策の失敗がその大きな要因
と主張、日本銀行の金融政策を批判する。
1969年、東京大学経済学部助教授。1981年、同学経済学部教授。1986年、イェー
ル大学経済学科教授。2001年から2003年まで、内閣府経済社会総合研究所所長を
務める。法と経済学会の初代会長。
著書に『アメリカは日本経済の復活を知っている』（2012年、講談社）、『経済成
長と国際資本移動──資本自由化の経済学』（1967年、東洋経済新報社）、『国際
金融の政治経済学』（1982年、創文社）、『21世紀の経済政策』（2021年、講談社）
など。世界の有識者による論考・分析を配信する国際的NPO「プロジェクト・
シンジケート」定期寄稿者。

星野　卓也（ほしの　たくや）

第一生命経済研究所経済調査部　主任エコノミスト
一橋大学経済学部卒業、一橋大学大学院経営管理研究科金融戦略・経営財務プロ
グラム修了（MBA）、社会保険労務士。第一生命保険入社、第一生命経済研究所
出向、2021年4月より現職。日本経済、財政・社会保障・労働政策の分析予測を
担当。また、跡見学園女子大学非常勤講師、東京財団政策研究所中長期経済見通
し研究会委員、景気循環学会幹事を務める。
著書に『コロナ禍と世界経済』（共著、2021年、金融財政事情研究会）。

目　次

第 1 章　高圧経済論の源流と拡張可能性

明治大学政治経済学部　教授　飯田　泰之

第 2 章　フィリップスカーブとオークン法則から導かれる雇用と生産の拡大

名古屋商科大学ビジネススクール　教授　原田　泰

第3章　日本経済には持続的円安の高圧経済が望ましい

慶應義塾大学産業研究所　教授　**野村　浩二**

東京大学　名誉教授、イェール大学　名誉教授　**浜田　宏一**

第4章　高圧経済政策が労働市場にもたらした好影響 ──アベノミクス期の経験から

第一生命経済研究所　主任エコノミスト　**星野　卓也**

高圧経済論の源流と拡張可能性

明治大学政治経済学部　教授

飯田　泰之

高圧経済（High Pressure Economy）という単語がにわかに注目を集めはじめたのは、2016年にボストン連銀で開催されたカンファレンスでのジャネット・イエレンFRB議長（当時）によるスピーチ「危機後のマクロ経済研究」が大きな契機である（Yellen 2016）。アカデミックな色彩の強いカンファレンスであり、本スピーチ自体は高圧経済論をメインテーマとしたものではない。しかし、現職のFRB議長が高圧経済によって供給側の悪影響を覆す可能性に言及したことは、これまでの金融政策運営から、より緩和的なスタンスを示唆する可能性として受け止められた。

　現実の経済活動は供給能力（総供給）と総需要のうち小さいほうで決まる。そして、標準的な経済モデルでは、長期的な供給能力を決定するのは、政治体制や経済活動の自由度、人口や教育水準といった経済のファンダメンタルズから決定されると考える[1]。

　単純化すると長期的な経済水準は供給能力によって決定され、総需要の機能はトレンド周りの景気循環を決定するという二分法で考えるわけだ。

　多くの現代的なマクロ経済モデルでは総需要の影響を長期定常状態からの乖離としてとらえる。実証分析においても、需要側の影響はトレンド以外の変動に影響すると想定して、非線形トレンドを除いた変数の動きに焦点を当てることが多い。このような需要・供給の二分法は内閣府や日本銀行による潜在GDPや需給ギャップといった実務上のデータ作成においても継承されている（川本ほか2017）。

　「総需要の変化が総供給に大きく、かつ持続的な影響を与える状況はあるのだろうか。——大不況（2008年）以前にはほとんどの経済学者はこの問いに"ノー"と答えただろう」で始まるイエレンによるスピーチは、狭義の経済学者に限定されない、総需要の長期経済への影響を考えるための出発点ともなりうる。

1　代表的なトレンドとサイクルノイズの分離方法がHodrick-Prescott フィルター（Hodrick and Prescott 1997）であるが、過剰なトレンド除去によって経済活動による景気変動を過小推計している可能性がある。

1 │ オークン法則と高圧経済論

　高圧経済（High Pressure Economy）自体は、本来は、経済学独自の専門で
はない。ヘンリー・ウォリック[2]によって経済政策には「高圧経済」志向と
「低圧経済」志向があると分類されたことで、経済政策に関連する用語とし
て用いられるようになった。その違いは、経済問題の中心が失業にあると考
えるかインフレであるとするかの違いと言い換えてもよいかもしれない。こ
れだけであれば、古典的なフィリップスカーブ解釈における失業とインフ
レーションのトレードオフについての整理にすぎない。

(1)　失業率1％低下の意味

　高圧経済に、その後の研究群に連なる意味を与えたのがOkun（1973）で
ある。「高圧経済における上昇移動（Upward Mobility）」と題された同論文
は、経済活動が一定期間にわたってその平均的な活動水準を超える状態——
高圧経済のもとでは、失業者の減少や既存の労働者がより高い生産性の職に
就くといった労働市場における変化が発生することを指摘している。

　多くの経済学者・エコノミストがアーサー・オークンの名を聞いたとき、
第一に思い浮かぶのは高圧経済論ではなく「オークン法則」であろう。
Okun（1962）では、当時の米国のデータから「失業率が1％低下するとき、
GDP（GNP）は3％上昇する」という相関関係を見出した。この「3」％は
オークン係数とも呼ばれる。日本においてもHamada and Kurosaka（1984）
をはじめとして、多くの推計が行われてきた。日本におけるオークン係数は
米国よりも高く、その一方で不安定であることなどが知られる（黒坂2011）。

　しかし、これは一種のパズルである。オークン自身が言及するように、失
業率の1％低下とは働き手がおよそ1％増加するということだ。生産性や資

2　ヘンリー・ウォリック（Henry C. Wallich, 1914-1988）はアイゼンハワー大統領の顧
　問やFRBのボードメンバーを務めた経済学者であり、Newsweekの経済コラムなどで広
　く知られる。

本（生産設備）が一定の状況で労働供給量が増加するならば、収穫逓減下でのGDPの増加は1％以下でなければならない。このOkun（1962）での疑問への回答がOkun（1973）である。

　なぜ「失業率」の1％の低下が1％以上のGDPの増加と同時に発生するのだろう。第一の理由は統計上の失業率と就業者数・就業時間の違い、または日常会話における「失業」とカバレッジが異なることに由来する。

　たとえば、好況下で売上増やその見込みが生じたとき、新規雇用を増やすよりも前に時間外労働を増加させる企業が多いだろう。内部労働市場の役割が大きい日本ではこの傾向はより顕著であると考えられる。失業率が1％減少するときには、同時に時間外労働の増加による労働投入量の増加が発生していると考えられる。

　もう1つの視点が今日でいうところのディスカレッジドワーカー（Discouraged Worker、就業意欲喪失者）の存在である。統計上の失業率は完全失業者を労働力人口（＝就業者＋完全失業者）で除して求められる。日本における完全失業者は「仕事がなくて調査週間中に少しも仕事をしなかった」「仕事があればすぐ就くことができる」「調査週間中に、仕事を探す活動や事業を始める準備をしていた」という3要件を満たす者を指す。

　労働市場の環境が厳しく、求職活動の成果があがらない期間が続くと、求職活動自体をあきらめてしまう。このとき当該個人は完全失業者や労働力人口に含まれないため、統計上の失業率が低下することがある。近年の日本では、2009年から2012年にかけて就業者数が増加していないにもかかわらず、失業率が低下するという現象が観察された。

　好況により労働需給がタイト化すると、ディスカレッジドワーカーの労働力人口化が進む。この際、ディスカレッジドワーカーが求職活動を始めると、完全失業者は増加する。好況下での失業減少の一部を統計上の失業者増加が打ち消すためオークン係数が高めに推計されることになる。また、好況の影響はパート・アルバイトからフルタイム雇用への移行といったかたちで表れる。高圧経済に分類すべきか否かには議論があろうが、2013年から2018年にかけての相対的な好況期には、次第に非正規雇用の人数が抑えられ、正

規雇用が増加する傾向が観察された。

　初期の研究では、失業者が減少することの効果が1％、残業の増加やパートタイムからフルタイム雇用への移行を0.4％、労働力人口の増加が0.6％ほど——ここまでの理由から、あわせて2％ほどの労働投入量の増加効果があると推計している。しかし、2％の労働投入量の増加は3％のGDPの上昇を説明しきることはできない。そこにはなんらかの生産性の上昇という要因が重なる必要がある。

(2)　高圧経済と生産性

　失業率の低下や労働力人口の増加が、その増加以上の生産性上昇をもたらす——生産性ボーナスの理由として、その後の高圧経済論研究で重視されてきたのが原論文タイトルのとおりの労働者の「上昇移動」である。

　ここで労働生産性は付加価値を労働投入量で割ることで計算される。第4章で詳説されるが労働生産性は、次の3つに分類される。

① 労働者の能力向上や資本装備率といった純粋な生産性向上

② 経済全体で労働生産性が高い産業のシェアが高まることによるマクロ経済における生産性向上（ボーモル効果）

③ 労働者が労働生産性の高い産業に移動することで生じるマクロの生産性向上（デニソン効果）

　生産性ボーナスの源泉としてオリジナルの高圧経済論が注目するのが②および③の影響である。なかでも何も生産活動を行わない失業者やディスカレッジドワーカーが就業状態になることは一種の「労働生産性の高い産業への移動」であろう。2010年代までの研究では、学歴やジェンダー・エスニシティ、さまざまなハンディキャップといった労働市場において不利な条件を強いられることのある労働者の就労環境について実証的な分析が重ねられている。

　そのなかでは主に米国のデータを用いた各種の発見は示唆的である。多くの研究が相対的に学歴の低い労働者、非白人、女性の雇用・所得は景気変動に感応的であることを指摘している[3]。

労働市場が悪化しているとき、これらの労働者は職を得られないか、より賃金の低い労働への移行を余儀なくされる。一方で、労働市場がタイト化していると企業側は差別的な雇用慣行を維持することはできない。実利的な観点からより広い労働者の獲得が進められるようになる。また、操業水準を維持するだけの労働者を得るためには通常時よりもより未熟練・未経験の者に雇用機会を開放することになるだろう。好況期には雇用主が求人票に記載する学歴・経験等のスキルが少なくなるとの研究もある。

条件の不利な労働者の処遇が、その他の労働者に比べて、好況・不況による変化から強く影響を受けるという特徴から、高不況期における所得分配の循環的変動を引き起こすだろう。Romer and Romer（1999）では米国の貧困率が景気拡大期に低下することが確認されている。

雇用の拡大が所得再分配指標を改善した例としては2010年代の日本が直近の例としてあげられるだろう。国民生活基礎調査（厚生労働省）から計算される相対的貧困率、なかでも子どもの貧困率は2012年の16.3%から13.5%にまで低下している[4]。

高齢化が進展すると通常であれば貧困率やジニ係数は悪化する。傾向的な悪化のなかで所得再分配調査（厚生労働省）による再分配前の当初所得ジニ係数は横ばいになっている。2012年以降は60歳代を中心に中高年層の雇用拡大が続いた。最も所得格差が大きくなりがちな高齢者世帯での就労可能性の向上がマクロの所得分配を変化させたことが示唆される。

また、既存の労働者がより高い生産性の仕事へと上昇移動する可能性もある。山田（2015）はディマンドプル型の労働力の移動が経済全体のパフォーマンスを改善する可能性を指摘している。自発的な転職はその前後で労働者の生産性を改善させる。職の移動はよりよい待遇、よりよい賃金を求めて行われることが多い。賃金は労働生産性とリンクしている。そのため、好待遇を求めての労働移動はその前後で賃金の上昇、ひいては労働生産性の向上を

3　非常に多くの関連研究があり、すべての分析が同じ結果を示しているわけではない。Fallick and Krolikowski（2018）などを参照のこと。
4　全国家計構造調査においてもジニ係数や相対的貧困率の低下が生じている。

もたらしうるだろう。このような自発的な上方移動を活発化するうえで高圧経済は有益である一方で、その量的なインパクトを大きくするためには労働市場における自発的離職・転職を容易にする政策や企業体制の変革が求められる。

　もっとも、離職・転職の際に労働者が検討する「待遇」は金銭的なものだけではない。Akerlof, Rose and Yellen（1988）では非貨幣的な報酬に注目したシミュレーション分析が行われている。GDPや所得といった明示的な経済統計には表れにくいが、働きやすい、ストレスの少ない職場はQOL（Quality of Life、人生・生活の質）を含めた広義の経済厚生にとって需要な役割を果たすだろう。さらに、居心地のよい職場であることが、長期就労とそのなかでの訓練（OJT：On the Job Training）を通じた労働生産性そのものの向上につながる可能性もある。

　高圧経済・低圧経済における雇用の変化が長期の経済成長にどの程度影響するのかについては議論が分かれている。好況期に条件不利な労働者の雇用が拡大しても、次の不況で再び職を失うだけであればイエレンが指摘したような「総需要の変化が総供給に大きく、かつ持続的な影響を与える状況」とはいえない。そこには、条件不利な労働者の就業や働きやすい職への移行が持続的な雇用やそのなかでの生産性向上につながる必要がある。

2　古典派的成長と成長力の源泉

　労働者の移動によって経済活動の水準が変化する可能性がある——ということは変化前の生産要素の配分（allocation）が最適な状態ではなかったことを意味する。標準的なミクロ経済学における競争均衡では、価格調整の結果として生産要素間の価格比と技術的な限界転形率は等しくなる。吉川（2000）が指摘したように、産業別の生産性推計からはこのような限界生産性の均等化は示唆されない。現実の経済は新古典派的な均衡状態とは異なる、非効率的な状態にあるのが常態である。

　一般的な経済成長理論では長期均衡状態はなんらかの意味で効率的である

ことが、事実上、仮定されている。これは冒頭にあげた「総需要の変化が総供給に大きく、かつ持続的な影響を与える状況」は「ない」というかつて一般的であった想定とパラレルなモデル設定だ。高圧経済が一時的ではない、つまり経済成長論が想定する時間軸において、経済水準に影響を与えると考えるためには現代の標準的な経済成長理論とは異なる理論が必要となる。

(1) 古典派的成長モデル

近代化や新興国経済の成長を考えるうえで、いまもなお、ベンチマークモデルとして想定されることがあるのがLewis（1954）による古典派的な成長理論（ルイス・モデル）である。古典派的成長モデルは部門間の生産性の差を前提とし、それゆえに、労働力の産業間移動が経済水準の向上的な変化をもたらすという結論が導かれる。

農業部門（農村）と工業部門（都市）という2つの部門を想定する。前近代社会には工業部門は存在しない。農村部における人口はマルサス的な挙動——食料生産高で生存可能な水準によって決まっていると考える。つまりは、農村部の1人当り所得が生存水準と等しくなるまで人口が増加する。限られた土地に生存可能な限界まで人口（労働力）が賦存しているため、その限界生産性はきわめて低位にとどまる。理論モデルでは簡単のために、その限界生産性はゼロであると仮定されることが多い。簡潔にいうと、農村部には「いてもいなくても生産量が変わらない」労働者が存在するという設定だ。このような働き手は余剰人口・偽装失業と呼ばれる。

ここに限界生産性がプラスの工業部門が誕生すると労働力の移動が始まる。都市部の工業部門は農業部門よりもわずかに高い賃金を支払うことで、農村部からの転職者を得ることができる。一方で、農業部門には所得・生産性の低い余剰人口がいるために都市部の賃金は上昇しない。これが賃金コストの上昇なき工業部門の拡大を可能とする。一方の農村部の余剰人口は生産に貢献していないため農業生産は減少しない。その結果、工業部門の生産増加分だけ一国経済は成長することになる。余剰人口が消滅するまで、潤沢な労働力に依拠した高度成長が可能になる。このような人口移動による成長が

労働力不足と賃金上昇を伴う、ある意味現代的な、経済成長に移行するタイミングを「転換点」と呼ぶ。南（2002）ほか等の研究では日本経済における転換点を1960年代前半と推計している。

　高圧経済論と関連して注目すべきは、農業部門から工業部門に移動した余剰人口に関して、追加の教育・訓練なしに生産性の向上が生じている点にある。初期の資源（労働）配分が効率的ではない場合、その配分を修正するだけで平均生産性は上昇する。古典派的成長モデルは農業部門から工業部門への上方移動という、いわばデニソン効果を成長の源泉とするモデルといえよう。

　古典派的成長モデルが、本来、主な説明対象としているのは工業化や近代化が始まったばかりの新興国の高度成長である。しかし、現代においても部門間・地域間の生産性の相違が存在する。また、ルイスによるオリジナルのモデルでは都市部では十分な労働需要が存在するとしている。しかし、少なからぬ新興国経済において失業率は農村部よりも都市部で高いことが一般的だ。この問題点を解決するために、都市部工業部門の賃金がなんらかの意味で硬直的であると仮定してモデル化を行ったのがHarris and Todaro（1970）である。同論文では都市部での賃金調整の不全、都市部への人口流入と都市部での失業を同時に説明する。都市部の賃金水準は高いものの、失業の可能性も高い。その結果、都市部への人口流入が続くなかで格差が拡大していくという結論は示唆的である。

⑵　地域経済と実感可処分所得

　現代の日本における東京一極集中問題も類似の問題点をはらんでいる（飯田2022）。東京都やその近郊では住居費・光熱費・食料費をあわせたいわゆる基礎支出が突出して高い。全国消費実態調査[5]によると、2人以上勤労者世帯において可処分所得中央値にある家計の基礎支出は約20万円。47都道府県中24位の岐阜県よりも5万円、基礎的支出の最も低い大分県よりも7.5万

5　国土交通省「企業等の東京一極集中に関する懇談会とりまとめ」（2021年1月29日）。

円高い。

　可処分所得から標準的な生活を送るために必要な基礎支出を除いた額、つまりは裁量性の高い所得を仮に、「実感所得」と呼ぼう。基礎支出の高さは実感所得の格差を際立たせることになる。

　たとえば、可処分所得40万円の家計と60万円の家計があったとしよう。可処分所得の格差は1.5倍である。そして基礎支出が20万円であれば実感所得は20万円と40万円と2倍に、基礎支出が30万円の場合は10万円と30万円の3倍となる。基礎支出が高い地域では実感所得の格差が発生しやすい。そして、基礎支出の高い地域の住民が増加するほどに実感所得の格差を感じる家計は増加することになる。2010年代以降、ジニ係数や相対的貧困率等の代表的な格差指標は横ばいないしは低下傾向となっている。一方で、同時期には中流意識の減退や格差実感の拡大が生じた（小林 2020）。

　加えて、可処分所得中央値家計について東京都の実感所得は相対的に低い

図表1－1　1人当り都道府県民所得の成長率（2010年～2018年）

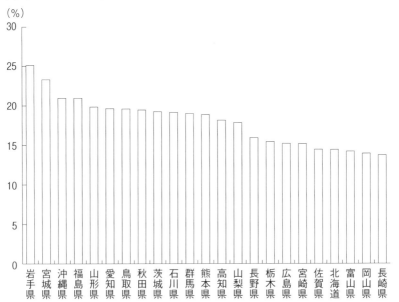

出所：内閣府「県民経済計算」

こともわかる。47都道府県中、東京都の可処分所得平均値は3位ではあるが、中央値では12位。ここから基礎支出を除くと、その順位は42位にまで低下する。格差の実感が強まったことによる不安、すでに豊かとはいえない東京都や東京圏に住む国民が増えていることも消費の停滞とは無縁ではないだろう。

　そして、もう1つの問題が東京都の成長率低下にある。2010年代の都道府県民経済計算を概観すると、東京都の都道府県民総生産の成長率は全国平均を下回る。成長率が振るわないなかで東京都の人口が増大していることから、1人当り都道府県民所得の成長率で比較すると東京都は47都道府県中46位と、同期間に大きな転機を迎えていた電力産業への依存度の高い福井県に次ぐ低さとなっている（**図表1−1**）。

　高度成長期に進んだ「地方から東京へ」の移住は古典派的成長理論の典型例である。生産性・成長率が高い地域への移住は日本経済全体の成長要因と

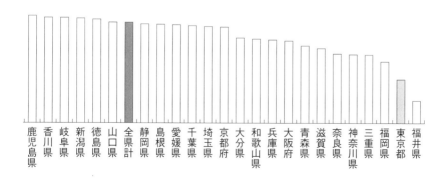

なった。しかし、現在もなお続く東京への人口移動は成長率の低い地域への移住となっている。「伸びしろ」が小さい地域で人口が増加していくことは、日本経済全体での成長率を引き下げることになるだろう。

このような一種の「逆古典派的成長」を是正するためにも高圧経済は欠かせない条件となろう。住居費等を考慮した実感としての可処分所得が低いにもかかわらず、自発的な東京への移動が生じている理由は明らかではない。

1つの可能性がHarris and Todaro（1970）が注目した、高い期待所得と高い所得の分散である。単純な平均所得では東京の所得水準は全国で最も高い。一方で、前述のように支出を考慮した中央値では下位となる。その結果、数学的期待値の面で高収入の東京圏に移動しても、その多くは平均以下の、そして他の地域よりも低い所得水準に甘んじることになる。事前の予想よりも低い所得しか得られなかった東京での就労者が出身地やその他の地方都市へと回帰・移住を促進するためには地方圏での高い労働需要、つまりは高圧経済が求められることになろう。

また、人々の移住は狭義の経済的インセンティブのみで決定されるわけではない。社会インフラや住環境の整備、起業へのサポートを通じて地方都市やその周辺部での「住みやすさ」の整備によって人口流出を抑制し、流入を促す必要がある。そのための財政支出もまたこれからの、実感可処分所得の観点から低位となっている東京圏から成長余力のある地方都市圏への人口シフトを進めるために必要な施策といえるだろう。

(3) 部門間生産性格差

古典派的な成長モデルは都市・農村といった地域間の人口移動に注目している。その一方で、ルイス・モデルは人口の地域間移動であると同時に産業間移動でもある。低生産性部門から高生産性部門への人口移動もまた、生産性向上とその結果として持続的な経済水準の向上をもたらす。

吉川（2020）では産業連関表を用いて、プロダクトレベルでの部門間シフトと産業の成長率の相関関係を見出している。部門間での生産シェアが変動するときには、経済成長率が高い[6]。

あくまで相関関係に関する指摘であるため、これが高圧経済論の想定するような、好況が部門間の資源配分の最適化を促進するのか、産業内のダイナミズムが好況を生むのかはわからない。しかし、同書が指摘するように経済成長のプロセスを、低生産性産業から高生産性産業への連続的な変化の蓄積——つまりは連続的な古典派的成長としてとらえる視点は高圧経済論の有益な基礎となりうる。

次なる問題は、このような生産性の向上は金融緩和や財政支出の拡大といった政策的な需要拡大によっても発生するのかという疑問である。日本経済の長期停滞について、低生産性部門・企業による生産要素の囲い込みを指摘する議論は多い（星・カシャップ 2013など）。これらの議論は「ゾンビ企業論」とも呼ばれる。日本の経済論壇においては、ごく単純化すると、不況期の景気浮揚策や低金利などの環境が低生産性企業の存続を助け、長期的な経済成長を阻んできたと指摘されることが多い。これらの「ゾンビ企業論」に従うならば、高圧経済による経営状態の改善は低生産性企業の存続を助け、持続的な低成長の原因にさえなりうる。

しかし、第7章で説明されるように、不況が深刻なものになるとゾンビ企業の退出が促進されるとは限らない。仮に、歴史ある企業の生産性が低いとしよう。一方で、これらの老舗企業は金融資産や不動産等の資産を多く保有している。そのため、金融面では新興企業よりも追加の融資などによる経営の維持可能性が高い。低圧経済下では金融機関の貸出態度の硬化やリスクオフによる資金調達の困難化が生じやすい。このときに経営困難に陥りやすいのはむしろ設立から間もない新興企業である。

さらに、ゾンビ企業論の問題点は先進国中で日本において顕著な長期停滞を説明しないところにある。McGowan et al.（2017）は企業再編や倒産をめぐる制度が生産性向上の可能性を高めることを指摘しているが、そのなかの

---

6 労働力の部門間移動と成長率にも正の相関関係が見出されるものの、その傾向は部門間シェアとの相関ほどには明確でないことも示されている。これは企業内または部門内での労働者の配置転換をとらえることのむずかしさを示すとともに第4章での純粋なデニソン効果の過小推計にもつながる。

国際比較において、日本のゾンビ企業の割合は国際的にみて高いとはいえないことが示されている[7]。

むしろゾンビ企業の数自体が景気に応じて変動する内生的な変数であるととらえるべきなのではないだろうか。

経済成長を連続的な生産資源移動のプロセスとしてとらえると、高圧経済論の大きな課題は高圧経済状態が新たな産業の育成、または既存産業による研究開発投資や生産能力拡大のための投資を促進するのか否かという論点に関連してくるだろう。

3 履歴効果と資本蓄積

高圧経済論では好況の持続的経済成長への波及に着目し、労働市場の変化にその源泉を求める傾向にある。一方、履歴効果（Hysteresis）をめぐる研究では不況の長期的影響を中心に、労働市場にとどまらず金融・投資活動にも注目する[8]ものが多い。高圧経済論と履歴効果は同じ経済現象を異なる方向から探求しようと試みる、一種の合わせ鏡のような研究群といってよいだろう。両者はともにイエレンの言及する「総需要の変化が総供給に大きく、かつ持続的な影響を与える状況」に関する研究であり、研究史上の興味関心を除くと、ことさらに区別すべきものではない。

不況が、それ自体は一時的なものであっても、その後の経済成長のパスそのものを変化させるという指摘が注目されたのが2008年以降の世界金融危機（リーマンショック）においてである。教科書的な経済モデルに従うならば、大規模な不況によって経済が落ち込んだ場合にはその後の経済は不況を取り

---

7 同論文で定義される「ゾンビ企業比率」において、ゾンビ企業が雇用・使用している労働者や資本ストックのシェアは先進国中中位である。ただし、「法人数」でカウントすると日本のゾンビ企業数は多くなる。これは「一人法人」「法人成り」が容易であるといった日本における個人事業主制度にあるもので、ゾンビ「企業」論とは区別する必要のある概念だろう。

8 ただし、履歴効果研究の嚆矢であるBlanchard and Summers（1986）は不況のもたらす長期的失業に関する研究であり、当初は労働市場への影響が中心的な関心であった。

戻すかのように高成長を経験することになるだろう。しかし、世界金融危機後の回復ではそのような傾向はみられなかった。

　Ball（2014）は世界金融危機がその後のOECD23カ国の生産水準に与えた影響を推計している。世界金融危機によるインパクトは各国によって大きく異なるものの、不況によって低下した経済水準がその後の急成長によって「取り戻される」傾向はない。2015年には多くの国で需給ギャップがゼロまたはプラス（インフレギャップ）状態になっているが、その際のGDPの水準は危機前のトレンドを大きく下回っている。

　このような成長率の下方屈曲は2008年危機に特有のものではない。Blanchard et al.（2015）ではOECD23カ国における1960年代以降の122回の景気後退をノンパラメトリックな手法で整理し、その69％において不況後に持続的な経済成長率の低下が観察されたことを示している。さらに、原油高や金融危機といった供給側に端を発する不況以外においてもこの傾向は持続される。インフレ率の低下を伴う——需要ショックである可能性の高い不況においても63％がその後の持続的経済水準の低下につながっており、そのおよそ半数では成長トレンドそのものが低下することが示される。これらの傾向は意図せざるディスインフレーションを伴う不況——需要ショックによる不況において顕著である。

　これらの研究群は、低圧経済が「総供給に大きく、かつ持続的な影響を与える」ことを示している。ショック前の定常的な成長経路への回帰（**図表１－２パターンA**）とそのための高成長が観察されるケースは少ない。むしろ、成長経路が下方にシフトする（**図表１－２パターンB**）だけではなく、トレンド成長率そのものの低下が観察される。Blanchard et al.（2015）では、金融危機による不況後には68％のエピソードにおいてその後トレンド自体の低下を伴ったことがレポートされている。これは一時的な不況によって生じた経済停滞が持続的であるだけではなく、不況前のトレンドとの乖離がその後拡大していくことを示している（**図表１－２パターンC**）。履歴効果は経済水準の低下が持続的であるだけではなく、成長トレンドの低下もまた持続するというわけだ。

図表1－2　一時的ショックとその後の経済成長率

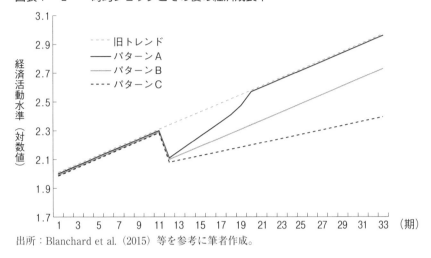

出所：Blanchard et al.（2015）等を参考に筆者作成。

　このような長期的影響を生み出す理由は何だろう。第一に指摘されるの
が、大きな不況の後には金融機関の貸出態度の悪化や投資家のリスクオフが
発生するというものだ。このような金融機関・投資家の態度変化によって企
業の資金調達コストが上昇する。その結果、投資活動の停滞が生じる。なか
でもリスクの大きいR&D投資、スタートアップ企業の資金調達は困難なも
のになるだろう。R&D投資や新興企業の活動は今後の経済成長の大きな要
因である。これらの停滞が長期的な経済停滞を招くことは確かだろう。金融
機関や投資家のリスクオフといったディープパラメターに依存せず、Fisher
（1933）などに始まる負債デフレ論やその現代的なモデル化であるフィナン
シャルアクセラレーターメカニズム（Bernanke and Gertler（1989）など）か
らも投資の停滞を説明できるだろう。不況・低圧経済下では資産価格も低位
にとどまる。資産評価額の低下によってバランスシートを悪化させた企業は
直接・間接金融からの資金調達が困難になる。

　これら履歴効果の議論を転倒させることで、高圧経済における持続的な経
済成長を基礎づけることができる。さらに、労働市場を経由した実物投資や
人的資本投資も景況によって大きく影響されるだろう。高圧経済による人手

不足は賃金・待遇の上昇をもたらす。これらの賃金・待遇の向上によって企業には省力化投資のインセンティブが生まれる。日本においても労働市場のひっ迫は顕著になりつつある。2023年1月現在、有効求人倍率は1.35倍、新規求人倍率は2.38倍と労働市場の需給はひっ迫しつつある[9]。

なかでも飲食店業界の就業希望者が大きく低下しており、「飲食物調理の職業」の新規求人倍率は4.39倍、「接客・給仕の職業」では5.78倍にものぼる。コロナショック下における行政の裁量的な営業制限の影響から同産業の長期的安定性を疑問視する労働者が増加したことが理由であり、本書における「高圧経済」とはその性質を異とするが、人手不足は機械化を促進することの事例としては理解しやすい。現下の求人難によって大手チェーンを中心にタブレット注文やロボット配膳といった自動化技術の導入契機となっている。

さらに需要面での変化が産業ごとの生産性の変化に与える影響をデータから考察するうえでは、輸出関連産業への為替レートの影響は参考になるだろう。為替レートは直接的に輸出産業への需要に影響を与えるとともに、近年では海外子会社利益を通じた本社の財務状況を改善する。投資の停滞が資本設備の量的な停滞にとどまらず、TFPの停滞に結びつく可能性については第3章を参照されたい。

また、これまでの海外での高圧経済・履歴効果の検証はリーマンショック以降の停滞をフィールドに論じられることが多かった。この場合、現象面では負の需要ショックの長期的影響に注目することになる。一方で、2020年以降のコロナショック、または2022年来のロシアによるウクライナ侵略の開始以降では業界ごとに異なる需要・供給面への影響が発生している。半導体不足に代表されるサプライチェーンの混乱は供給サイドの一時的ショックであり、飲食サービス業や観光需要の激減は典型的な需要ショックであろう。業界ごと、国ごとにショックの種類・規模・時期が異なる状況は高圧経済・履歴効果に関するデータによる実証分析を可能にしてくれる。第9章では近年

9　厚生労働省『一般職業業界状況』。数値はいずれも季節調整値。

の欧米での経験を中心に今後深化していくであろうデータによる高圧経済論仮説の検証について予備的な考察を提供してくれる。

4 結　語

　高圧経済論は労働市場における人の移動を通じて「総需要の変化が総供給に大きく、かつ持続的な影響を与える」可能性を指摘することから始まった。そして履歴効果をめぐる研究においては金融と投資を通じた「持続的な影響」の可能性が指摘されてきた。特定期間の高圧経済状態（または低圧経済状態）がどのようなチャネルを通じて経済に持続的な影響を与えていたかはさておき、高圧経済は雇用・投資（生産設備）・生産性というマクロ生産関数におけるすべての要因を通じて供給側に影響を及ぼしうる。ここから、持続的な経済発展のために高圧経済が必要であるという主張が導かれることになろう。

〈参考文献〉

飯田泰之（2022）「地域活性化による中間層再生」『中間層復活に向けた経済財政運営の大転換〈報告書〉』21世紀政策研究所

川本卓司・尾崎達哉・加藤直也・前橋昂平（2017）「需給ギャップと潜在成長率の見直しについて」BOJ Reports & Research Papers

黒坂佳央（2011）「オークン法則と雇用調整」『日本労働研究雑誌』No.610

小林利之（2020）「減少する中流意識と変わる日本人の社会観―ISSP国際比較調査「社会的不平等・日本の結果から」」『放送研究と調査』2020年5月号、NHK放送文化研究所

総務省（2012）『2019年全国家計構造調査――年間収入・資産分布等に関する結果』総務省統計局

星岳雄・アニル・K・カシャップ（2013）『何が日本の経済成長を止めたのか：再生への処方箋』日本経済新聞社

南亮進（2002）『日本の経済発展 第3版』東洋経済新報（初版1981、第2版1992）

山田久（2015）『失業なき雇用流動化』慶應義塾大学出版会

吉川洋（2000）『現代マクロ経済学』創文社

吉川洋（2020）『マクロ経済学の再構築―ケインズとシュンペーター』岩波書店

Akerlof, G., A. Rose and J. Yellen（1988）"Job Switching and Job Satisfaction in the U.S. Labor Market," Brookings Papers on Economic Activity vol.19 (2).

Ball, Laurence M. (2014) "Long-Term Damage from the Great Recession in OECD Countries," NBER working paper series 20185.

Bernanke, B. and M. Gertler (1989) "Agency Costs, Net Worth, and Business Fluctuations," American Economic Review, Vol.79 No.1.

Blanchard, O. and Summers, L. (1986) "Hysteresis and European Unemployment," in Fischer, S. (ed.), NBER Macroeconomics Annual, MIT Press.

Blanchard, O., E. Cerutti and L. Summers (2015) "Inflation and Activity — Two Explorations and their Monetary Policy Implications," NBER working paper series 21726.

Fallick, Bruce, and Pawel Krolikowski (2018) "Hysteresis in Employment among Disadvantaged Workers," Federal Reserve Bank of Cleveland, Working Paper 18-01.

Fisher, I. (1933) "The Debt-Deflation Theory of Great Depressions," Econometrica, vol.1 (4).

Hamada, K. and Y. Kurosaka (1984) "The Relationship between Production and Unemployment in Japan: Okun's Law in Comparative Perspective," European Economic Review, Vol.25, No.1

Harris, J. R. and Todaro, M. P. (1970) "Migration, Unemployment and Development: A Two Sector Analysis," American Economic Review 60 (1).

Hoynes, H., Douglas L. Miller, and J. Schaller (2012) "Who Suffers During Recessions?," Journal of Economic Perspectives 26 (3).

Lewis, W, Arther (1954) "Economic Development with Unlimited Supplies of Labour," The Manchester School 22 (2).

McGowan, M. A., D. Andrews and V. Millot (2017) "Insolvency regimes, zombie firms and capital reallocation," OECD Economics Department Working Papers No.1399.

Okun, A. M. (1962) "Potential GNP: Its Measurement and Significance," in American Statistical Association, Proceedings of Business and Economic Statistics Section.

Okun, A. M. (1973) "Upward Mobility in a High-Pressure Economy," Brookings Papers on Economic Activity 1.

Romer, C.D. and David Romer (1999) "Monetary policy and the well-being of the poor," Economic Review, Federal Reserve Bank of Kansas City 84 (1).

Yellen, J. L. (2016) "Macroeconomic Research After the Crisis," 60th annual economic conference by the Federal Reserve Bank of Boston, Massachusetts.

第 2 章

フィリップスカーブと オークン法則から導かれる 雇用と生産の拡大

名古屋商科大学ビジネススクール 教授

原田 泰

高圧経済によって、すなわち、経済を適度に過熱させることで失業率の低下と生産の拡大をもたらすことができる。これは、フィリップスカーブとオークン法則から明らかである。なぜそうなるのか、その背後にあるものは各章の課題であるが、本章でも簡単に説明する。

本章では、もっぱら、フィリップスカーブとオークン法則の図表を示すことで、高圧経済の利点を説明する。

1　フィリップスカーブ

(1)　フィリップスカーブとそれを歪めるもの

フィリップスカーブとは、横軸に失業率、縦軸に物価上昇率を描いたものだ。一般に、失業率が低下すると物価が上昇するという関係がある。失業率が低いとは景気がよいことで、景気がよければ物価も上がるという関係を示している。これはある程度の物価上昇（たとえば2％）を許容すれば失業率が下がることも示している（フィリップスカーブについては、原・小池・関根（2020）参照）。

失業率が低ければ、新卒の就職率も改善し、就職氷河期はなくなる。2013年の大胆な金融緩和以来、コロナショックがあったにもかかわらず、若者の雇用はあまり悪化しなかった。

もちろん、フィリップスカーブの左の端に行けば、失業率の限界に達して物価は上がり過ぎてしまう。その前に、経済に圧力をかけるのを緩めなくてはならない。

ここでは失業率を用いているが、稼働率（GDPギャップ）でも同じことがいえる。ただし、稼働率は高いほど経済を過熱して物価を引き上げるので、右下がりではなく右上がりの曲線となる。ここで稼働率を用いなかったのは、月次データがなく四半期のデータしかない、作成者によって値が異なる（主なものとして内閣府、日銀、IMFなどのデータがあるがかなり動きが違う。ただし、稼働率の上昇下降の動きは似ている）という問題があるからである。

しかし、フィリップスカーブを歪めるいくつかの要因がある。失業率につ

いては、雇用調整助成金があるが、これについては本章第2節(1)で述べる。物価について、消費税がある。その影響は取り除いている（図表の注を参照）。

　さらに大きな影響を与えるのは、原油などエネルギー価格の高騰である。エネルギー価格の高騰は、一時的にはすべての物価に波及して、物価全体を引き上げる。ただし、それは持続せず、エネルギー価格の上昇が一服し、物価一般も落ち着くことが多い。なぜそうなるかといえば、まず第一に、エネルギー価格は永久に上昇するわけではないからだ。たとえば、今年、原油価格が1バーレル100ドルになったからといって、来年200ドルに、再来年400ドルになるわけではない。高くなれば増産する国が現れ、長期的には、新たな油田が開発され、シェールオイルのような別の地質からの原油が発掘される。また、いずれは再生可能エネルギーのコストが低下していく。今年100ドルになれば、それが高いまま続くというのがせいぜいだろう。また、実際には低下してしまうことも多い。1978年、1987年、2009年、2016年、2021年にはそうなっている。

　第二に、エネルギー価格が上昇すれば、その分だけほかのモノが買えなくなる。ほかのモノへの需要が減って物価は上がらない。需要が減って不況になり、それがエネルギー価格に及ぶこともある。日本の場合、エネルギーは海外から購入しているのでなおさらだ。所得が海外に流出して、それだけ貧しくなっている。また、前年比での石油価格が下落するとともに物価上昇率が低下する。すなわち、エネルギー価格の上昇で物価が永続的に上昇することはありそうでない。

　このことを**図表2-1**で確認しよう。この図表は、消費者物価のうち生鮮食品を除く総合（以下、物価総合、または物価）、生鮮食品とエネルギーを除く総合（以下、エネルギーを除く総合）、消費者物価のエネルギー価格（以下、エネルギー価格。右目盛り）の推移を前年同月比で示したものである。図表から明らかなように、エネルギー価格が上がると、物価、エネルギーを除く総合も上がる。1970年代の初期にはエネルギー価格が50％上がると物価総合も25％、エネルギーを除く総合も23％上がっていた。ところが、1970年代末には、エネルギー価格は50％上がったのに物価総合は8％、エネルギーを除く

図表2－1　消費者物価とエネルギー価格（1971年～2023年）

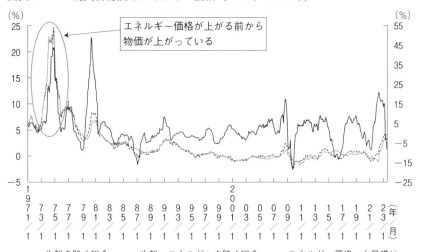

エネルギー価格が上がる前から
物価が上がっている

------生鮮を除く総合　―――生鮮・エネルギーを除く総合　―――エネルギー価格、右目盛り

注：消費税増税の影響を取り除くために、1989年度に2％、1997年度に1.5%、2014年度に
　　2％を引いている。
出所：総務省統計局「消費者物価指数」

総合は7％までしか上がらなかった。

　つまり、エネルギー価格の高騰が他の物価に影響する程度は大きく低下した。このことは1980年代以降も同じで、エネルギー価格の上昇が他の物価に波及する程度が小さくなった。

　では1970年代初めに、永続はしなかったが20％以上の物価上昇率となったのはなぜか。その理由は、物価がすでに上がりだしていたからだ（物価が上がっていた要因は、過大な金融緩和によりマネーサプライが急増していたからである。これについては、小宮（1976）、新保（1979）を参照）。他の時点をみると、エネルギー価格が上昇してから物価が上がっている場合が多い。1970年代末、1987年、2009年、2013年、2019年、2022年もそうである。ところが、1970年代初めには過大な金融緩和によって景気が過熱しており、**図表2－1**で示したように、すでに物価が上昇していた。その後にエネルギー価格が上昇し、それが物価をさらに引き上げた。また、企業は十分な利益をあげていたので生活防衛のための賃金引上げを求める労働者の要望を受け入れた。賃

金の上昇によって需要は落ちず、物価上昇が続いて20％以上のインフレとなった。

(2)　フィリップスカーブが教えてくれること

　以下の**図表２－２**から**図表２－６**は、1970年代から現在までのフィリップスカーブをほぼ10年ごとに示したものである。多くの図表は、失業率が下がると物価が徐々に上がり、失業率が２％に近づくと物価が急に上がるという関係を示している。この関係から、物価上昇率が２％に近づいたら、上がりすぎないように金融政策を慎重に運営すべきだとわかる。

　しかし、すでに述べたように、失業率とかかわりなく物価が上がる場合がある。その多くはエネルギー価格の上昇によるものである。そこで失業率の低下とかかわらない物価上昇を避けるために、本章では、エネルギーを除いた物価上昇率でフィリップスカーブを表している。もちろん、エネルギー価格を除いても、その影響は入ってしまうので、除外したほうがマシという程度のことにしかならない。

図表２－２　フィリップスカーブ（1971年〜1979年）

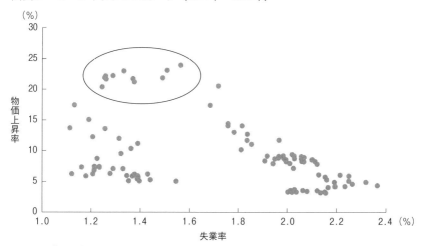

注１：消費者物価は生鮮・エネルギーを除く総合。
注２：1973年から1975年のインフレーションの間にフィリップスカーブがシフトした。
出所：総務省統計局「消費者物価指数」「労働力調査」

図表 2 - 3　フィリップスカーブ（1980年〜1989年）

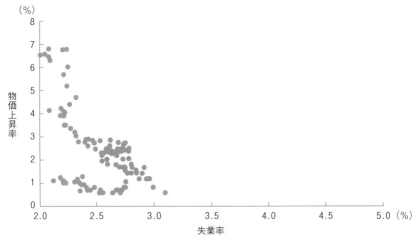

注 1 ：消費者物価は生鮮・エネルギーを除く総合。
注 2 ：消費税増税の影響を取り除くため、1989年度は 2 ％を差し引いている。
出所：総務省統計局「消費者物価指数」

図表 2 - 4　フィリップスカーブ（1990年〜1999年）

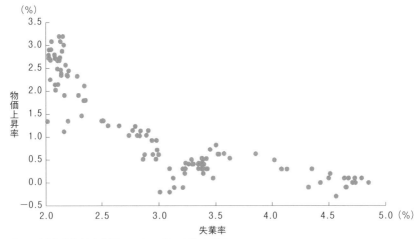

注 1 ：消費者物価は生鮮・エネルギーを除く総合。
注 2 ：消費税増税の影響を取り除くため、1997年度は1.5％を差し引いている。
出所：総務省統計局「消費者物価指数」「労働力調査」

図表 2 - 5　フィリップスカーブ（2000年〜2009年）

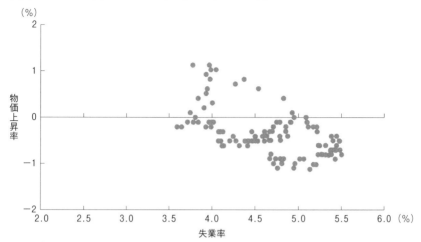

注：消費者物価は生鮮・エネルギーを除く総合。
出所：総務省統計局「消費者物価指数」「労働力調査」

図表 2 - 6　フィリップスカーブ（2010年〜2023年）

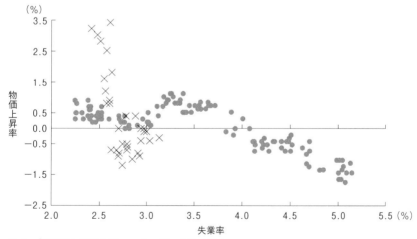

注 1 ：消費者物価は生鮮・エネルギーを除く総合。
注 2 ：消費税増税の影響を取り除くため、2014年度は 2 ％を差し引いている。
出所：総務省統計局「消費者物価指数」「労働力調査」

これらの図表には、カーブが波打っている部分がある。これはエネルギー価格の変動によるものである。エネルギー価格の上昇と下落は景気が悪い時でもよい時でも起こりうる。したがって、失業率の変化によらず物価が変化するので、フィリップスカーブを歪める要因である。

　さらに、エネルギー価格が下落していないで、失業率が上昇していないのに物価が下落している場合がある。これは雇用調整助成金（雇調金）で失業率を無理やり抑え込んだためである。2020年6月からの動きがそうである（**図表2－6**（2010年～2023年）の×のマーカーで2.5％から3％のところで物価が下落しているところである）。雇調金がどの程度、失業率を抑え込んだかは本章第2節(2)で説明する。

(3)　特に注目すべきこと

　次に、上記のグラフに関して特に注目すべきことについて説明する。**図表2－2**（1971年～1979年）では、2つのフィリップスカーブがあるようにみえる。図表内の楕円で囲ったところは1973年から1975年の20％を超える高いインフレ率を通じて、左側のフィリップスカーブから右側のフィリップスカーブにシフトしたようにみえる。左側のカーブでは5％程度の物価上昇率であれば1.2％から1.4％の失業率となったのに、右側のカーブでは、5％程度の物価上昇率では2％の失業率にしかならないことがわかる。これは1973年から1975年の大インフレーションによって経済構造が変化した結果といえるだろう。

　図表2－3（1980年～1989年）では、消費者物価上昇率が4％以上のところと1％前後のところがある。前者は1970年代末から1980年代初めのエネルギー価格の上昇による物価の上昇によるものであり、後者は1980年代半ばからのエネルギー価格の下落による物価の下落によるものである。

　図表2－4（1990年～1999年）は相対的にきれいなフィリップスカーブとなっている。

　図表2－5（2000年～2009年）では、物価上昇率が、ほとんどがマイナスであるということである。このなかで物価上昇率が1％に達したのは2008年

のエネルギー価格の上昇によるものである。しかも１％の上昇率にすぎない
のだから、金融緩和はもっと必要だったということである。特に失敗なの
は、ここで水平なフィリップスカーブをつくってしまったことである。フィ
リップスカーブとはある程度の物価上昇率を許容すれば失業率を低下させる
ことができるということを意味している。フィリップスカーブが水平になっ
てしまったことは、物価の安定のために失業率を上昇させたのではなく、無
駄に失業率を上昇させたということである。

⑷　3.5％構造失業率論の誤り

　これに関連して構造失業率3.5％説が大きな害悪をもたらしたかもしれな
い。構造失業率とは、経済の構造的要因で決まる失業率で、それ以下ではイ
ンフレ率が加速するか、バブルが生じて経済に悪影響を及ぼす失業率であ
る。構造失業率3.5％論とは、日本の構造失業率は3.5％であるから、それ以
下にしてはいけないという主張である。構造失業率という概念は、厚生労働
省（2002、第３章）、内閣府（2006、コラム３表「構造失業率の定義と最近の推
計値」）などにも登場している。これらは、いずれも、UV分析という手法で
構造失業率が３％台前半から半ば程度だと試算していた。民間では、たとえ
ば、早川（2016、144頁）は、2016年においても「賃金上昇率はまだ低いが、
失業率が3.5％に達したころから徐々に伸びを高めている。これは、構造失
業率≒自然失業率≒3.5％という関係がおおむね成り立っていることを示唆
する」と書いている。

　3.5％前後が構造失業率だという議論は、政府や日銀、民間エコノミスト
においても盛んだった。私は、それは誤りだと指摘していた（それについて
私が最も包括的に書いたのは、北浦・原田・坂村・篠原（2003）である）。これは
2001年末に５％台半ばまで上昇した失業率のうち大半（４％程度）が構造的
失業率であるという当時の通説が誤りであることを示したものである。日本
の構造失業率は若干上昇している可能性があるが、1990年代以降に生じた失
業率の上昇の多く（２％から３％）はデフレーションの影響を含む循環的要
因であり、2001年の構造的失業率の水準は２％台半ばから３％台半ばという

のがその時の結論だった。その後、片岡（2017）は、2.8％程度という結果を得ている。さらに片岡（2019）は、自ら、この分析は不十分で、中川（2018）の、働き盛りの男性の労働力率（（労働者＋失業者）／人口）が低下していることなどから、賃金・物価が２％の物価目標と整合的に上昇するための失業率は2％程度という主張を引用している。

　2019年になってみると、直近の消費税増税以前、コロナ禍以前、2019年夏の失業率は2.2％で、消費者物価（生鮮を除く）上昇率は0.5％にしかなっていなかったので、私たちの推計した構造失業率も高すぎた。物価は上がっていないのだから、構造失業率はさらに低いのだろう。3.5％の失業率が構造失業率という主張は、まったくの誤りだった。にもかかわらず、多くの人々が構造失業率3.5％説に固執し、失業率を２％にまで下げることを試みなかったのだから、日本経済を犠牲にして自説に固執したとしかいいようがない。

　実は、日本銀行も構造失業率3.5％説に固執していた。2015年３月まで、構造失業率は3.5％だと日本銀行「展望レポート」の本文に記してあったが、４月30日には注に落ち、その後も扱いが徐々に小さくなり、2018年７月に完全削除された（この顛末は、原田（2021、82〜89頁）参照）。

2 ｜ オークン法則

　次の課題は、失業率の低下で表される稼働率の上昇がどれだけ実質GDPを拡大するかである。100万人の労働力人口のある国で、失業者が５万人なら失業率は５％で就業者は95万人である。失業率が２％になると失業者が２万人に減って、就業者が98万人に増えている。GDPは就業者数に比例すると考えれば、GDPは98÷95＝3.15％増える。失業率が１％減ったときにGDPが何％増えるかという係数をオークン係数という。この場合は3.15÷（５－２）＝1.05でオークン係数は1.05となる。しかし、通常は、オークン係数は１よりもかなり大きい（これについては黒坂（1988）など参照）。なぜそうなるかというと、①雇用が企業に保蔵されているからである。需要が減

少したとき、企業が従業員を解雇しなければ、需要の大きな減少に対して、雇用は少ししか減少しない。あるいは、企業内に雇用が保蔵されていれば、需要が増加しても雇用の増加なしにGDPが増加する。②雇用は保蔵されているが、当然、労働者の労働時間は変化する。雇用が動かないで労働時間が動けば、雇用があまり変化しなくてもGDPの変化に対して対応できる。また、③失業者が労働市場から退出する（求職活動をやめる）ため、失業の統計には含まれなくなる。④雇用保蔵は、訓練された労働者を維持するという意味で効率的、合理的な面もあるが、産業構造の変化に遅れる可能性もある。この場合には、長期的な経済の効率を低下させる面がある。③の労働市場からの退出は、当然に長期的な労働供給を減少させ、また、失業は労働の質の低下をもたらし、経済の長期的な成長率を低下させる可能性がある。③と④は、労働需要を超過気味に運営する、すなわち、高圧経済政策の必要性を示すものである。これらについては、第4章、第5章で詳述している。

オークン法則については、前掲の黒坂（1988）、黒坂（2011）などの一連の研究によると、ある時点できわめて高い係数をもつことがあるが、一般には3程度となっている。すなわち、失業率の1％の低下により実質GDPは3％増加するということである。これは、失業を減らすことの大きな利点である。

(1) オークン法則の実際

　図表2−7から図表2−11は、縦軸に実質GDPの上昇率、横軸に失業率の変化率（いずれも前年同期比）を示したものである。

　オークン法則の示すように失業率が低下すると実質GDPが増加するという関係がみられ、その係数は2.4から4.7と1よりもかなり大きい。ただし、傾向線の周りの点はかなりばらついており、特に図表2−7（1971年〜1979年）と図表2−11（2010年〜2023年）では決定係数がそれぞれ0.0713、0.0762と有意性を失っている（図表2−11の●と○のすべての点の傾向線の決定係数）。図表2−7についてまず説明する。

図表２－７　オークン法則（1971年〜1979年）

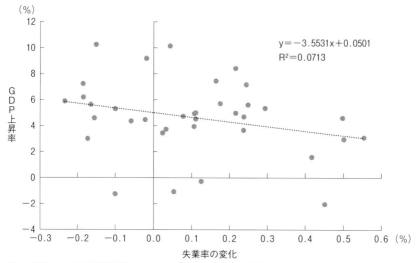

注：実質GDP（季節調整値）の前年同期比と失業率（季節調整値）の対前年同期差。
出所：内閣府「国民経済計算」、総務省統計局「労働力調査」

図表２－８　オークン法則（1980年〜1989年）

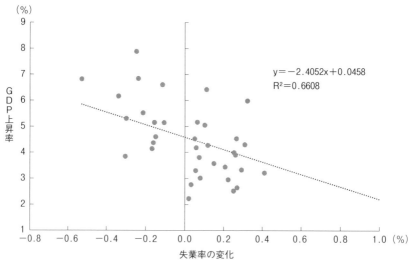

注：実質GDP（季節調整値）の前年同期比と失業率（季節調整値）の対前年同期差。
出所：内閣府「国民経済計算」、総務省統計局「労働力調査」

図表2－9　オークン法則（1990年～1999年）

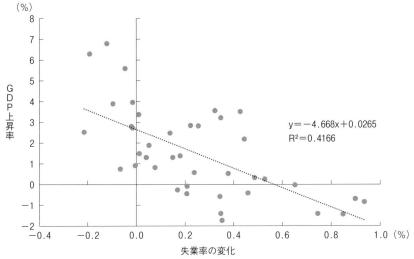

注：実質GDP（季節調整値）の前年同期比と失業率（季節調整値）の対前年同期差。
出所：内閣府「国民経済計算」、総務省統計局「労働力調査」

図表2－10　オークン法則（2000年～2009年）

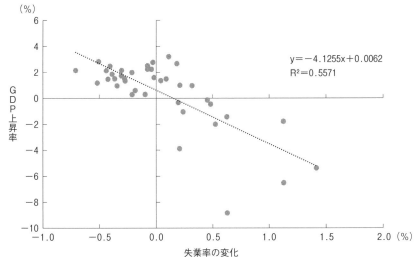

注：実質GDP（季節調整値）の前年同期比と失業率（季節調整値）の対前年同期差。
出所：内閣府「国民経済計算」、総務省統計局「労働力調査」

図表２−11　オークン法則（2010年〜2023年）

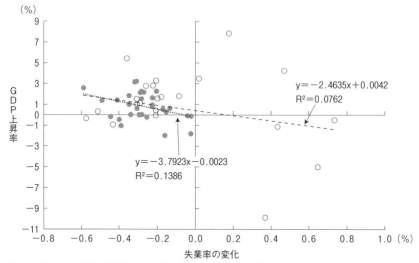

注：実質GDP（季節調整値）の前年同期比と失業率（季節調整値）の対前年同期差。
出所：内閣府「国民経済計算」、総務省統計局「労働力調査」

1970年代のオークン法則の有意性はなぜ低いのか

　図表２−７（1971年〜1979年）でオークン法則が成立しないのはなぜか。
オークン法則の切片の値は、潜在GDPの成長率の変化と構造失業率の変化
を表している[1]。

1　オークン法則とは、本来、完全雇用状態での潜在実質GDPを$\overline{Y}$、構造失業率を$\overline{u}$、現
　実の実質GDPをY、現実の失業率をuとして、$(Y-\overline{Y})/\overline{Y}=\alpha(u-\overline{u})$　という関係を表す
　ものである。
　　しかし、潜在GDPも構造失業率も推計するしかない。そこで１期、２期の現実のGDP
　と失業率をY_1、Y_2、u_1、u_2と書くと、$(Y_1-\overline{Y})/\overline{Y}=\alpha(u_1-\overline{u})\cdots(1)$、$(Y_2-\overline{Y})/\overline{Y}=\alpha(u_2-$
　$\overline{u})\cdots(2)$となる。
　　ここで(2)式から(1)式を引くと　$(Y_2-Y_1)/\overline{Y}=\alpha(u_2-u_1)$　となる。$\overline{Y}\fallingdotseq Y_1$とすると
　$(Y_2-Y_1)/Y_1\fallingdotseq\alpha(u_2-u_1)$　が得られる。すなわち実質GDPの成長率＝α失業率の変
　化率となる。
　　また潜在GDPや構造失業率が変化することを考慮すると実質GDPの成長率＝α失業
　率の変化率−構造失業率の変化−潜在GDP上昇率の変化となる。通常は、構造失業率
　も潜在GDPも短期間に大きくは変化しない。しかし、1970年代半ばには、構造失業率
　も潜在GDPも変化したと考えることは可能である。そこでダミー変数を用いてこの変
　化をとらえた。

図表 2 − 12　オークン法則（1971年〜1979年）
　　　　　　（潜在成長率と構造失業率の変化を考慮）

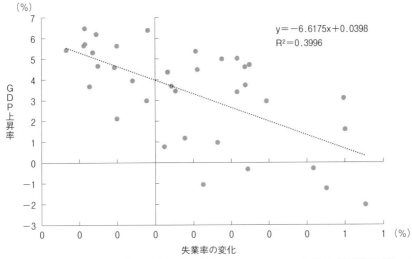

$y = -6.6175x + 0.0398$
$R^2 = 0.3996$

注：実質GDP（季節調整値）の前年同期上昇率＝0.0431−6.366×失業率（季節調整値）の
　　対前年同期差＋0.0377×ダミー（1971年〜1973年）の推計式の実質GDP上昇率からダミー
　　の値を差し引いた。
出所：内閣府「国民経済計算」、総務省統計局「労働力調査」

　日本の場合、長期的な成長率が低下していることは、**図表 2 − 7** から**図表
2 −11**の切片が小さくなっていることから明らかである。また、1970年代に
おいてはインフレ率を許容範囲に収めることのできる構造失業率が1.4％程
度から 2 ％程度になったことは**図表 2 − 2** で説明したとおりである。また、
長期的な成長率は、1973年までとそれ以降で低下したと考えられる。そこで
1971年から1973年までにダミーを入れて推計した（具体的な推計方法は脚注 1
を参照）。ダミー係数を差し引いたうえでオークン法則の図表を書くと**図表
2 −12**のようになる。すなわち、潜在成長率の低下と構造失業率の上昇を考
慮すると、オークン法則は成立している。

2010年以降のオークン法則の有意性はなぜ低下したか

　次に**図表 2 −11**（2010年〜2023年）でなぜオークン法則の有意性が低下し

たかを考えよう。その理由として雇用調整助成金（および「新型コロナウイル
ス感染症対応休業支援金・給付金」）があげられる。雇用調整助成金とは、事
業活動の縮小を余儀なくされた事業主が、労働者に対して一時的に休業等を
行い、労働者の雇用の維持を図った場合、事業主が労働者に支払った休業手
当等の一部または全部が国によって助成される制度である（雇用調整助成金
の詳細については厚生労働省のウェブサイトを参照）。

　休業者は失業者にならないので、実質GDPが減少しても失業率が上がり
にくくなる。これは当然に、オークン係数のグラフにおいて、右下の象限に
動くべき点が動かず左下にとどまっていることになる。また、GDPが拡大
しても休業者が減少するだけで失業率は低下しないことになる。これは左上
に動くべき点が、右上にとどまることを示す。結果は、左下と右上の点が増
加し、傾向線の傾きが小さく、かつ有意性が低下するだろう。ではどのくら
いだろうか。

　雇用調整助成金で、どれだけ失業率の上昇を抑えただろうか。内閣府
(2021)[2]では2020年4－6月期の失業率を3％ポイント程度、2008年のリー
マンショック時は0.5％から1％ポイント程度抑制したとしている。また、
厚生労働省（2021)[3]では、2020年4月から10月の失業率を2.6％ポイント抑
制したとしている。

　しかし、ここから毎月の雇用調整助成金（雇調金）が毎月（または四半期）
の失業率の上昇をどれだけ抑制したかの信頼できる推定値を算出することは
困難である。厚労省の「雇用調整助成金等支給決定状況」から月次の数字を
整理すると2020年6月からは毎月1000億円以上の雇調金が支払われている。
そこで、それ以降は雇調金によって失業率が歪められた期間として、2010年
から2020年1－3月期までを雇調金のない期間としてオークン係数を推計す
ると、その係数の傾きが高まり、決定係数も0.1386となり、有意性がやや高
まる（これは**図表2－11**の●の部分だけの傾向線の決定係数を計算したものであ

2　内閣府（2021）第2章第3節「雇用調整助成金等による失業抑制効果は、リーマン
　ショック時を上回る」100〜103頁。
3　厚生労働省（2021）第6章第3節177〜179頁。

る）。

⑵　失業率低下が意味のない領域

　ここで、オークン法則は、失業率の低下とともに実質GDPが上昇することを意味するが、失業率が十分に低ければさらに失業率を低下させても物価が上昇するだけで、実質GDPの増加は望めないのではないかという議論があるだろう。

　どのような失業率が物価の上昇を招くだけで実質GDPの伸びをもたらさないのかという問いに答えるのはむずかしいが、フィリップスカーブの形状からある程度のことはいえる。**図表2－2**から**図表2－6**のフィリップスカーブをみると1970年代には構造変化があり、この問いに答えるのはむずかしい。1980年代と1990年代には、失業率が2.2％以下になると物価が急速に上昇するようにみえる。2000年以降では、失業率は、物価が急速に上昇するまでは低下していない。そこで、1980年代と1990年代について考える。1980年代と1990年代で失業率が2.2％以下のデータを除外すると、1980年代では失業率の変化の係数の絶対値は大きくなるが、決定係数は低下する（回帰式は$y = -4.4776x + 0.0455$、$R^2 = 0.4728$）。1990年代では、失業率の変化の係数の絶対値も決定係数も低下してしまう（回帰式は$y = -3.0795x + 0.0188$、$R^2 = 0.244$）。物価が急速に上昇する部分を除くのであるから係数の絶対値が小さくなるのは理解できるが、大きくなる理由はわからない。

⑶　オークン法則の意義とGDP、物価の動き

　以上述べたことを総合的に考えれば、オークン法則は生きている、ということである。また、すでに述べたように、フィリップスカーブも生きている。継続的な金融と財政の緩和によって高圧経済をつくりだせば、失業率の低下に伴って生産が増加し、物価も上昇するので、実質GDPも名目GDPも**図表2－13**にみるように増加する。この図表には大胆な金融緩和を採用した時点（2013年4月）も示している。これを機に、実質GDPも名目GDPも増加に転じたのが明らかである。ここでその1四半期前から反転しているのでは

図表2－13　名目GDPと実質GDPの推移

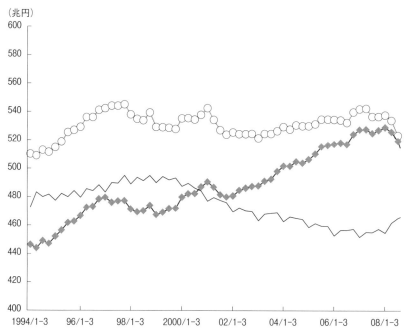

（兆円）

注：消費税は1997年に1.5、2014年に2を引くことで調整している。消費者物価は、生鮮
出所：内閣府「国民経済計算」

ないかという反論があるかもしれない。しかし、2012年9月には、大胆な金融緩和を求める安倍晋三氏が自民党総裁になり、かつ11月に総選挙が行われ、当時野党であった自民党が勝利することが確実とされていた。であれば、2012年10－12月期にはすでに反転が起きてもおかしくない（宮尾（2016、99〜101頁）参照。実際の反転は2013年1－3月期）。

　2008年のリーマンショック後に回復はしたが、特に名目GDPは、初期の回復の後は横ばいに近いものだった。金融緩和がなければ、この停滞が続いていただろう。緩和後の実質GDPの成長率がどれだけ高まったかは、緩和以前にはリーマンショックがあり、緩和以後には2度の消費税増税とコロナショックがあるので、緩和によってどれだけ成長率が高まったかを判断するのがむずかしい。ここでは、単純に緩和前の2012年からコロナショック以前

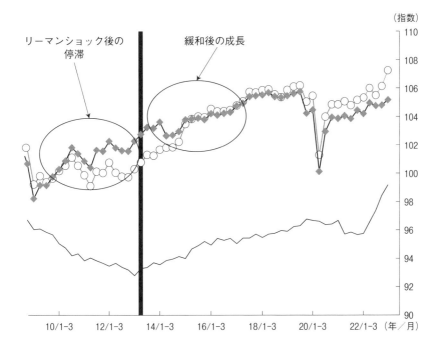

（指数）

リーマンショック後の
停滞

緩和後の成長

食品およびエネルギーを除く総合。実質GDPは2015年価格。

の2019年までの7年間と、それ以前の7年間を比較する。実質成長率をみる
と、緩和以前は年率で0.2%、緩和後は0.9%と0.7%ポイント上昇してい
る。名目ではマイナス0.9%から1.6%へと2.5%ポイントも上昇している。

　また、物価も緩和を境に反転している。緩和以前の7年間の物価（生鮮と
エネルギーを除く。消費税の影響を除外している）の上昇は年率でマイナス
0.4%だったが、緩和後の7年間は消費税増税の影響を除外して年率0.5%で
ある。

3　結　語

長期的にフィリップスカーブやオークン法則が生きているとは、高圧経済

を保つことで、わずかな物価の上昇によって（少なくとも日本の場合はわずかな物価の上昇ですむ）、失業率を低下させ、GDPを増大させることが可能ということである。こう考えると、日本の構造失業率は3.5%だからこれ以上の金融緩和策は危険という議論はまったくの誤りだったというしかない。構造失業率は推計したもので、あえていえば空想の産物である。一方、物価上昇率は、現実のものである。現実の数字をみないで空想の数字にこだわり、実際に失業率を低下させる機会を失ったということである。それが2012年まで続いていたが、2013年からの大胆な金融緩和によって、雇用の拡大、失業率の低下がもたらされた。また逆に、明確な物価目標がなかったがゆえに十分な金融緩和を行うことができず、この機会を失ったとも解釈できる（オルファニデス（2018））。

失業率が低下すれば、その低下分以上に実質GDPが上昇するというのがオークン法則の示すところである。物価の上昇も生じるので、名目GDPも増加する。GDPが増加すれば、多くの人の収入が上がり、生活が改善する。税収も上がり、第8章第3節(3)で示すように財政状況も改善する。これが、高圧経済のもたらす恩恵である。

〈参考文献〉
オルファニデス，アタナシオス（2018）「基調講演 中央銀行独立性の境界：非伝統的な時局からの教訓」『金融研究』10月号
片岡剛士（2017）「構造失業率推定方法の誤り」原田泰・片岡剛士・吉松崇『アベノミクスは進化する 金融岩石理論を問う』中央経済社
片岡剛士（2019）「我が国の経済・物価情勢と金融政策—函館市金融経済懇談会における挨拶要旨」日本銀行、9月4日
北浦修敏・原田泰・坂村素数・篠原哲（2003）「構造失業率とデフレーション—フィリップス・カーブ、UV分析、オークン法則」『フィナンシャル・レビュー』1月号
黒坂佳央（1988）『マクロ経済学と日本の労働市場—供給サイドの分析』東洋経済新報社
黒坂佳央（2011）「オークン法則と雇用調整」『日本労働研究雑誌』No. 610/May 2011
厚生労働省（2002）「平成14年版労働経済の分析」7月17日

厚生労働省（2021）「令和３年版労働経済の分析」７月16日

小宮隆太郎（1976）「昭和48、49年インフレーションの原因」『経済学論集』（東京大学）第42巻第１号、４月

新保生二（1979）『現代日本経済の解明 スタグフレーションの研究』東洋経済新報社

内閣府（2006）「平成18年度年次経済財政報告（経済財政白書）」７月

内閣府（2021）（経済財政分析担当）「日本経済2020〜2021」３月

中川藍（2018）「第２章労働需給が逼迫しても賃金と物価が上がらないのはなぜか」原田泰・増島稔『アベノミクスの真価』中央経済社

早川和男（2016）『金融政策の「誤解」―"壮大な実験"の成果と限界』應義塾大学出版会

原尚子・小池良司・関根敏隆（2020）「フィリップス曲線と日本銀行」日本銀行金融研究所、日銀レビュー、2020-J- 3、４月

原田泰（2021）『デフレと闘う』中央公論新社

宮尾龍蔵（2016）『非伝統的金融政策―政策当事者としての視点』有斐閣

第 3 章

日本経済には
持続的円安の
高圧経済が望ましい

慶應義塾大学産業研究所　教授

野村　浩二

東京大学　名誉教授、イェール大学　名誉教授

浜田　宏一

2000年代の初め頃、内閣府の研究所長だった浜田は、日本銀行の金融政策が緊縮過ぎて円高を招き、それが日本産業を苦しめていると考えて論文を発表していた。為替レートには金融政策が直接働くが、為替レートの主管官庁は財務省である。そこで当時の財務官室を訪問して、いまの為替レートは高すぎないでしょうかとお伺いを立てた。すると財務官は引出しのなかから大事そうに巻物のような図を取り出して、５年前と比べるといまの為替レートはずっと円安で、物価を考慮した実質為替指数でも円安ですから心配はありませんと答えた。

　いまになってデータをみると、ドルの為替レートは、阪神・淡路大震災のあった1995年４月に（当時の）最高値79.75円／ドルをつけている。最も円が高かった時と比べて円が安くなったからといって、まったく安心できないのである。財務官に「心配はない」といわれて帰ってきた浜田も迂闊だった。

　為替レートは、円建て資産とドル建て資産を世界中でどう保有するかの相対的な力で決まる。地震のときには被災国の国民は安心のため（予備的な動機により）余計に自国通貨をもとうとするので、被災国の通貨は普通に考えるのとは反対に高くなる。1995年は阪神・淡路大地震で打ちのめされた産業が、円高でも追い打ちを受けていた年なのである。後に史上最高値を更新した2011年10月（75.32円／ドル）は、東日本大震災後であったのも偶然ではない。

　外国為替市場は、株式市場と同じように資産の市場である。現存するドル建て資産と円建て資産を資産保有者が納得して保有できるようにする交換レートが、刻一刻世界市場で決まる。資産市場はその意味でフローの市場でなくストックの市場であるが、財やサービスのフローの市場と比べると、価格の乱高下が激しい。世界のビジネスマンは自分で為替レートを左右できないので、このようにストックの市場で決まる為替レートがまず与えられ、それを基準にしてビジネスをすると考えてよい。

　円高が有利となる主体ももちろんある。輸入業者は、輸入品を生産する国での価格は変わらないので安い国内価格で輸入できる。外国旅行者ももちろ

ん安く旅行できるので有利である。鉱物資源や一次エネルギーを輸入して、財やサービスを日本国内で生産している業者にも受益者はいる。

しかし多くの輸出業者、また国内で輸入品と競争している業者にとって、円高は企業収益を直接に圧迫してくる。外貨市場において、円が急速に高くなったとしよう。輸出業者にとっては、輸出品のドル建て価格が一定とすると円建て価格が安くなるので、業者の販売価格を生産原価が上回る。輸出をしていない国内業者でも、輸入品と競争しているのであれば、その円建て価格が安くなるので、同様なことが起こる。通常、こうした収益減を補うため、業者はコストを削減しなければならない。

そうしたコスト削減は、どう実現されるだろうか。第一には、生産性を高めればよいが、それは「絵に描いた餅」かもしれない。業者はすでに能率改善のための弛まぬ努力をしてきた状態にあると考えられるからである。企業にとって最大の削減努力は、労働コストに向けられる。雇用者の所定内賃金を減少させることは困難でも、ボーナスや残業手当などを縮小したり、同じ仕事を正規労働者から非正規へと切り替えたりすることによって削減できる。日本経済ではそうしたことが現実に起きたのだ。

本章の第1節では、長期にわたる日本の経済成長の経験を振り返りながら、1980年代後半以降の為替レートが多くの年で「過度の円高」であったことを論じる。そして第2節以降では、過度の円高が導く国内経済におけるコスト削減がどのように実現されたのかを解明していく。見出されることは、1980年代半ばまで「高圧経済」によって運営されていた日本経済が「低圧経済」へと移行してしまったことである。そのことが導いた賃金抑制（第3節）と生産性停滞（第4節）こそが、長期にわたり日本経済を苦しめてきたデフレ圧力の源泉となってきたのである。日本経済の復活に向けて、第5節では高圧経済の実現への転換をいかにすべきかを論じたい[1]。

1　本稿は野村・浜田（2022）およびHamada and Nomura（2023）から、一部の計数の更新や図の追加とともに加筆修正した改訂稿である。

図表3-1 日本経済が直面してきた内外価格差（1955年〜2022年）

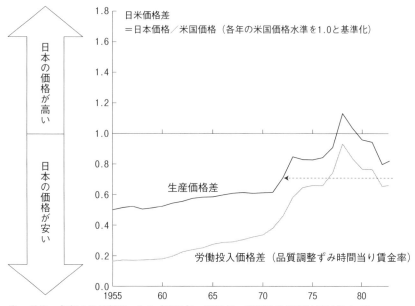

注：単位…各年の米国価格＝1.0（1955年〜2022年：労働投入価格は2019年まで）。
出所：筆者作成。2019年まではJorgenson, Nomura and Samuels（2016）による産業レベ
　　よる簡易推計。2022年は年平均為替レートとして131.5円／ドルによる評価。

1 日本の価格競争力

　まずは、第二次世界大戦後の日本経済が直面してきた内外価格差の長期的
な変遷をとらえておきたい。**図表3-1**は、戦後日本の労働投入（インプッ
ト）と、それを用いた生産（アウトプット）における米国との内外価格差の
集計量を示している。価格の時間的な変化を示す「価格指数」に対して、国
間の横断面的な価格差は「価格水準指数（price level index：PLI）」と呼ばれ
る。日米間では産業構造も違うし、就業者の学歴や年齢構成なども異なる。
両国間のそうした差異を考慮して、できるだけ純粋な日米両国の価格差を測
定したものが**図表3-1**である。

　図表3-1において日米生産価格差（濃い実線）が1.0を下回ることは、

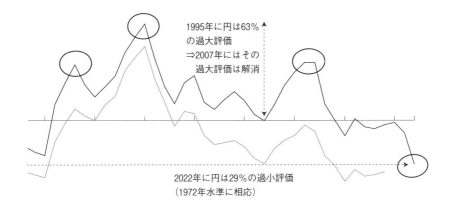

1995年に円は63%
の過大評価
⇒2007年にはその
　過大評価は解消

2022年に円は29%の過小評価
（1972年水準に相応）

85　　90　　95　　2000　　05　　10　　15　　20　（年）

ル推計からの集計値（更新推計値）、生産価格の2020年以降は両国の国民経済計算などに

　日本経済が生産する財・サービスの価格は米国に比して安価であったこと、つまり日本が総じて価格競争力をもつ状態にあったことを意味している。言い換えれば、日米の生産価格が均等化するための円とドルの交換レートである購買力平価よりも、1980年代半ばまで、為替レートは円安の状態にあったのである。図をみれば、戦後固定相場制のもとで1ドル360円に設定されていた1960年代は、日本の生産価格は米国よりも4割ほども安価であったことがわかる[2]。価格競争力をもつ日本企業は、海外に製品の需要を見出し繁栄していた。この円安ゆえに、日本の国内産業は常に緩やかなインフレ圧力、

2　この為替レートのもとでは、**図表3−1**にみるように、同質的な労働サービスの価格（時間当り賃金率）はわずかに米国の20%から30%ほどの水準であり、それが当時は半分ほどにすぎなかった日本のTFP劣位（後述する**図表3−7**）による非効率性を補い、価格競争力の源泉となっていた。

つまり追い風にさらされていた。

　1973年以降、為替相場は変動相場制に移行し、円高が進行した。しかし実際の為替レートはまだ安く、**図表3－1**が示すように、1975年でも日本の生産価格は2割ほど安価なままだった。このような為替環境は、日本が金融政策を引き締めない限り、国内経済にマクロ的な需要超過をもたらす「高圧経済」のかたちであった。1970年代後半には円高が進行したが、1982年以降では再び日本の生産価格は米国水準を2割ほど下回り、日本経済の繁栄は続く。しかし、日本製品と競争するアメリカの財界・政界は不満をためていた。

2　低圧経済への移行

　1985年9月、当時の竹下登蔵相は、自宅近くでゴルフをするふりをしてゴルフウェアで家を出たが、その道中、正装に着替えてニューヨークへと飛んだ[3]。プラザホテルで、日米英独による円の価値を大幅に調整しようとする、プラザ合意の会議が始まった。その後、ランブイエ城やルーブルなど、世界の史跡で為替調整の会議が踊ることとなる。

　プラザ合意後の日本経済は、当然ながら円レートの上昇に振り回された。日銀と大蔵省は必要以上に合意の余波をおそれたようで、1985年以降、財務省出身の澄田智日銀総裁（1984年から1989年）は緩和的な金融政策をとり、それは土地と株などの資産価格のバブルを誘発する。澄田総裁が退任した直後の1989年12月29日、日経平均株価は史上最高値となる3万8915円を記録した。

　戦後の日本経済はプラザ合意期まで、ややインフレ気味、つまりアーサー・オークン（Okun（1973））やジャネット・イエレン（Yellen（2016））のいう「高圧経済」によって運営されていた。高圧経済とは、国民経済が完全雇用、自国通貨安のもとにあって、放っておくと緩やかなインフレを招く

3　「プラザ合意30年―当時の関係者は語る　大場智満元財務官、行天豊雄元大蔵省国際金融局長」2015年9月22日（産経新聞）

状態である。そこでは、オークンのいうように、能率悪い産業から能率よい産業への労働移転が容易であり、技術進歩が容易であり、後述するように、国内での技術開発投資が起こりやすい。

ところが、三重野康日銀総裁（1989年から1994年）の金融政策は極端な緊縮モードへと転換した。勇ましくバブルを退治する姿をメディアは「平成の鬼平」とはやし立てた。たしかにそれはバブルを鎮静化したが、いかにも極端な金融緊縮政策であり、日本産業に向かい風を浴びせる政策だった。バブルが抑制された後の1990年から1995年にかけて、日本経済は減速の兆しを見せ始め、それが21世紀まで継続するのである。

為替レートは、日本国内における資本の収益性にどう影響しただろう。

図表3－2は、1990年からの日銀総裁任期ごとに、為替レート（縦軸）と事後的に実現した名目資本収益率（横軸）を比較している。円高（下方へのシフト）が国内の収益率を低下させ（左方へのシフト）、反対に円安（上方シフト）が収益率を高める（右方シフト）ならば、グラフは右上がりとなる。引き締め型の総裁では、就任後にグラフ上の点は左下へと動く。

図表3－2左上図にみるように、三重野総裁期には、円高が進行しながら、名目資本収益率はマイナスへと低下（左方へとシフト）している。引き締め政策を好んだ日銀出身の速水総裁（左中図）、白川総裁（左下図）の時も比較的似ている。これらの時期に、日本経済は、生産価格差が1.0を大きく上回る円高となり、不完全雇用、過剰設備でデフレ気味の状態である「低圧経済」へ移行してしまった。

図表3－1に戻ると、プラザ合意後、丸で囲んだように日米生産価格差が1.0を持続的に上回る過度の円高が生じた時期が3度ある。1995年の円高では4月に当時の最高値79.95円／ドルを記録し、日米生産価格差でみた史上最高値となった。為替の年平均値（94円／ドル）では63％もの円の過大評価であり、日本企業はすさまじいハンディを負うこととなった。

このときの為替レートの異常さは、図表3－1に破線で描かれた労働投入価格（賃金率）の日米格差でも歴然としている。1995年の円高では、日本では同質的な労働サービスが米国に比して48％も高い状態にまで追い込まれた

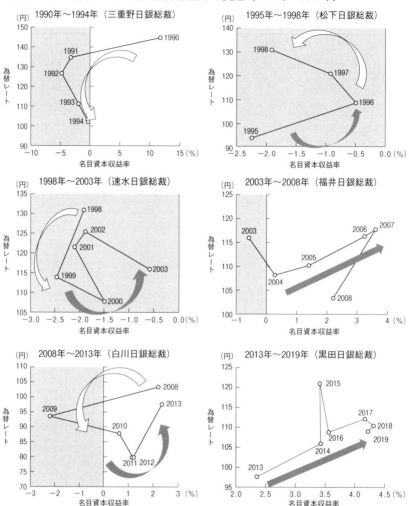

図表 3 - 2　為替レートと名目資本収益率の変遷（1990年～2019年）

注1：単位…縦軸は為替レート（円／ドル）、横軸は名目資本収益率（％）。期間…1990年
　　から2019年（総裁就任月が年末でないときには暦年値としては重複）。
注2：資本収益率は、158資産分類（土地・在庫を含む全資産ベース）に基づき46の産業
　　ごとに推計された事後的な税引後の名目加重平均資本収益率からの一国集計値によ
　　る。日本経済の税体系として、各種取得税、固定資産税、法人税・事業税、準備金・引当金、
　　特別償却制度、法定償却率と実行償却率の乖離、負債-資産比率、利子率、配当比率、
　　キャピタルゲイン税率、配当税率が考慮されている。詳細は野村（2004、第3章）を
　　参照。
出所：筆者作成。

のである。当時、自動車など日本の製造業は、全体的な生産効率を示す全要素生産性（TFP）の水準として、米国での同産業に対してかなり優位な状態にあった。ある程度の円高になろうとも、価格競争力をもつ余力が存在していたのだ。しかしこれほどまでの円の過大評価では、ほぼすべての日本産業が価格競争力を喪失した。

1995年の過度の円高修正には時間がかかり、一進一退を繰り返すが、福井俊彦日銀総裁（2003年から2008年）が積極的に進めた量的金融緩和政策により、**図表3－1**にみるように2007年には再び日米の価格競争力がパリティ（平価）となる水準に落ち着きを取り戻している。福井総裁期には、**図表3－2**右中図のように、円安傾向が持続され収益率も増加へと転じるかたちで経済は回復しそうになったが、ゼロ金利解除を急ぎ過ぎたために、もう一歩のところで挫折する。

3 デフレ圧力の源泉

1995年に史上最高となった生産価格差は、2007年までに日本経済にどのような構造変化を強いながら修正されたのだろう。長期にわたる経済構造の変化を伴う現象を理解するためには、各年の短期変動ではなく、ある期間内の変化に注目するのが有効である。この12年間、為替でも円安が進行したが、それは円の過大評価分（63%）のうち29ポイントを修正するにとどまった。その半分以上（34ポイント）は、産業がコスト削減によって生産価格を低下させることで適応せざるをえなかったのである。これこそが、長期にわたり日本経済を苦しめたデフレ圧力の源泉であった。

こうした生産価格差の縮小は、ハーバード大学のデール・ジョルゲンソン教授と野村の共同研究による日米で調和のとれた生産性勘定によれば、その要因を分解して理解できる。まず、日本は生産性の改善によって日米格差を解消するどころか、むしろ日本の生産性は相対的に悪化し、日本が1990年代初めまでキャッチアップしてきたTFP格差は再び拡大したのである（後述の**図表3－7**）。それは日本の生産価格をむしろ上昇させ、実体経済が適応す

図表3－3　過度の円高が生んだデフレ圧力の解消要因（1995年～2007年）

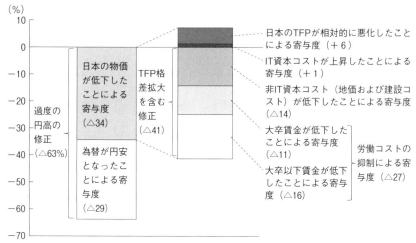

注1：単位…%（年平均成長率）。
注2：1995年から2007年における、日米間の相対的な生産価格差の変化要因（各要素の計数は△63%のうちの寄与度（パーセンテージポイント））。
出所：筆者作成。Jorgenson, Nomura and Samuels（2016）による産業レベル推計からの集計値（更新推計値）。

べきコスト削減のハードルを高めるものとなったのだ[4]。

　ここで重要なことは、TFPはさまざまな技術進歩も反映しており、特にこの期間では情報通信技術（IT）の進展が加速し、IT製造業では日米両国ともに急速なTFPの改善をみせている。ゆえに為替レートという二国間の関係変化のもたらす影響を評価するには、日本のTFPの変化をみるのではなく、日米TFP格差の変化をみなければならない[5]。為替と生産性や成長力に対しての素朴な観察に基づく多くの論考は、こうした視点の欠如により、日本の成長力の不足を円安のせいにするというまったく正反対の評価をして議論を混乱させている。

　図表3－3左図に示された克服すべき基底となる34ポイントに、TFPの

4　資本や労働の同じ投入価格のもとでも、相対的に生産性が悪化することでは、生産価格も相対的に高くならざるをえない。ゆえに日米価格差のハードルは高められてしまうのである。

日米格差の拡大により6ポイント加算されたハードルを越えるため、日本経済が強いられたコスト削減幅は41ポイントにものぼる。そして**図表3－3右図**が示すように、そのおよそ3分の2（27ポイント）が日本における労働コストの相対的な削減によって実現したのだ[6]。

　この間に米国の賃金は上昇したが、それだけでは**図表3－1**にみた両国間の生産価格差を解消するには足りなかった。格差の解消は、日本の名目賃金を切り下げることによって実現したのである。労働コスト削減がいかに熾烈なものであったかは、日米両国での時間当りの名目賃金率を比較した**図表3－4上図**をみると一目瞭然であろう。この間に、パートタイム労働者や女性就業の拡大あるいは学歴など、就業構造は大きく変化したが、そうした質的な変化を考慮したうえでの純粋な労働投入価格（品質変化を調整した名目賃金）の測定値によっても、日本は1997年から2007年まで低下したのだ（一度下げ止まった賃金はその後の白川総裁期に再び低下し、上昇へと転じたのはアベノミクス後である）。**図表3－1**における日米の二国間格差では、1995年に米国に比して48％も高価であった日本の賃金率は、2007年には29％安価な状態へと、劇的な削減を強いられている。

　必要とされたコスト削減の残りの3分の1（14ポイント）は、日本の資本コストの低下によって実現した。ITでも機械設備でも、貿易される資本財はその取得のための内外価格差は小さい。**図表3－3右図**のように、資本コストの抑制はもっぱら日本の地価と建設コストを通じて実現した。国民経済

5　もう1つの重要な視点は、両国の産業構造における相違の考慮である。TFPは産業ごとに大きく異なった推移となるが、同じ産業であれば二国間で類似した傾向をもつ。望ましいマクロ評価のためには、Jorgensonianアプローチが示すように、二国間で調和のとれた産業定義のもと、産業レベルでのTFP格差を測定し、その適切な集計が求められる。同様なことは、投入側として両国の資本構造と就業構造にもいえる。本稿は、こうした構造上の差異を考慮した二国間の詳細な勘定に基づくメリットがある一方、（実質実効為替レートのように）多国間比較の視点が不足するのは分析上の限界である。名目実効為替レート（nominal effective exchange rate：NEER）を考慮した主要国との多国間比較は第5節の**図表3－8**に示されるが、日本の1995年における過度の円高は類似している（むしろ1995年の円高傾向は**図表3－1**よりも相対的に際立つものとなる）。

6　**図表3－3右**にみるように、そのうちの6割は非大卒者の労働コスト削減によるものであり、賃金格差も米国よりも相対的に拡大した。

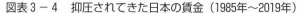

図表3－4　抑圧されてきた日本の賃金（1985年～2019年）

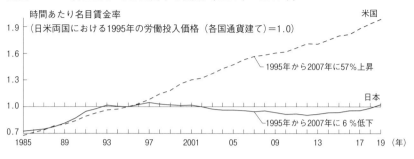

時間あたり名目賃金率
（日米両国における1995年の労働投入価格（各国通貨建て）＝1.0）

米国

1995年から2007年に57%上昇

日本

1995年から2007年に6%低下

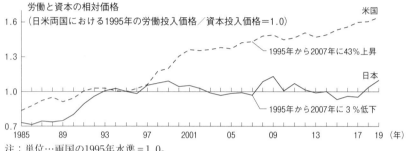

労働と資本の相対価格
（日米両国における1995年の労働投入価格／資本投入価格＝1.0）

米国

1995年から2007年に43%上昇

日本

1995年から2007年に3%低下

注：単位…両国の1995年水準＝1.0。
出所：筆者作成。Jorgenson, Nomura and Samuels（2016）による産業レベル推計からの
　　　集計値（2019年までの更新推計値）。労働・資本投入価格ともに、日米それぞれにお
　　　いて詳細な分類に基づく品質調整ずみ価格指数（quality-adjusted prices）として定
　　　義されている。

計算によれば宅地全体の地価は、1990年から2000年代半ばの踊り場まで下落
を続けた（その後白川総裁期に再び下落し、2010年代半ばに底を打つ）[7]。それ
は資本コストを直接的に低下させるが、地価下落（キャピタルロス）が今後
も続くとする期待は資本コストの低下を相殺する効果もあり、設備投資には
マイナスの影響を与える。また激しい地価下落は、金融機関が大きく依存し
ていた不動産担保貸付を機能不全に陥れた（Kiyotaki and Moore（1997））。
　労働と資本の相対価格では、**図表3－4**下図が示すように、1995年から

[7]　一国経済の平均的な地価は幅をもってとらえるべきであるが、（本稿での生産性統計
　　によれば）日本の商業用地は1995年から2007年において年平均7.9%（工業用地では
　　4.5%）の下落となった。それは1991年から1995年の7.4%（同2.3%）下落からの加速
　　であり、その後の下降期（2007年から2016年）の2.8%（同2.7%）低下を大きく上回っ
　　ている。

2007年にかけて米国では43％上昇したが、日本では逆に３％減少したのである。このことは主要国の経済成長の経験として、歴史上きわめて異例であったといえる。労働を節約するために投資をするインセンティブはそがれ、経済成長の実現に本来備わっている労働生産性を高める最大のエンジンが失われていたのだ。

4 低圧経済が招く生産性停滞

この期間における資本蓄積の低迷は、日本の特定産業だけの経験ではな

図表３－５　低迷する日本の資本蓄積（1995年〜2007年）

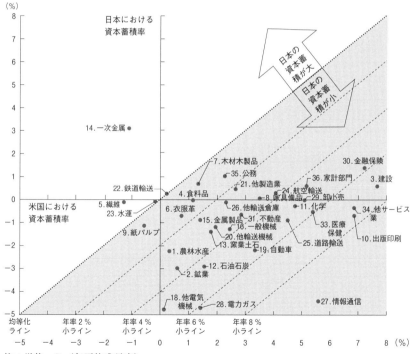

注：単位…％（年平均成長率）。
出所：筆者作成。Jorgenson, Nomura and Samuels（2016）による産業レベル推計からの集計値。日米両国の産業において、詳細な資産分類に基づいた品質調整ずみ資本サービス投入量（土地・在庫を含む）として定義されている。

い。1995年の過度の円高による価格競争力修正を強いられた2007年までの期間において、日米両国における産業別の資本投入量の変化（年平均成長率）を比較したものが**図表3−5**である。縦軸を日本、横軸を米国とすれば、45度線の下に位置する産業では、日本の資本蓄積が米国より相対的に萎縮していたことを示す。この図をみた読者には歴然とするだろう。製造業からサービス業に至るこれほどまで多くの日本産業が、年率にして1％から6％ほど、米国よりも資本蓄積のスピードが遅い状態にあった。日本のIT投資の遅れも指摘されるが、資本投入全体の成長に占めるIT資本による寄与度は日米間でそれほど大きな差異はない（Jorgenson and Nomura（2005））。もっと深刻なことに、日本では資本蓄積の総量自体が拡大しなかったのである。

　新しい技術革新は資本財に織り込まれて、経済体系へと組み込まれていく。歩留まり率やエネルギー効率の改善など、それらは必ずしも資本財の価格を高めることなしに資本財のなかに織り込まれ、投資主体は意図せずとも

図表3−6　日本経済の長期資本収益率（1955年〜2019年）

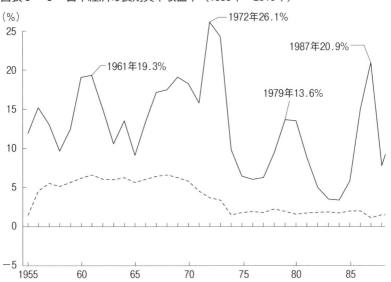

注1：単位…％（1955年〜2019年）。
注2：資本収益率の定義および資料の詳細は**図表3−2**を参照（資産には土地・在庫を含
出所：筆者作成。

その恩恵を享受できる。その意味では投資は外部効果をもっており、低圧経済に起因する国内投資の低迷はTFP改善の停滞をもたらすのである。

図表3－6は日本経済における資本（土地・在庫を含む）の事後的な収益率を、名目値と実質値で計測したものである。名目値でみるとバブル崩壊後に極度に低下していることがわかる。このもとに将来の収益率も低迷すると予測すれば、当時、企業が新規投資を控えるのが当然であろう。しかし、これを資本の実質収益率でみると、バブル後も投資は日本経済にそれ以前とそれほど変わらず貢献していたことがわかる。バブルにも責任はあるが、バブル退治があまりにも強く、あまりにも長く続いたために、日本経済が生産性を伸ばす貴重な機会を奪ったのである。

1990年を境に、日米の生産性格差の縮小に向けた動きは逆回転を始め、2000年代後半には日本は世界でも生産性レベルが高い国から低い国へと立場を変えた。**図表3－7**は日米のTFP格差の長期的な推移を示している。円

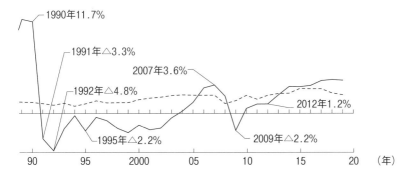

む）。実質資本収益率は、キャピタルゲイン・ロスによる影響を除いたもの。

図表3－7　日米のTFP格差（1955年〜2019年）

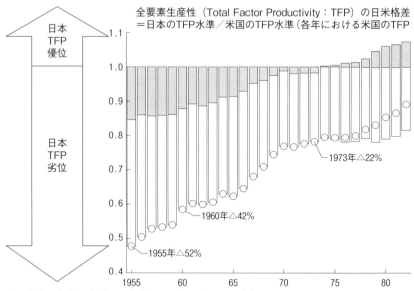

全要素生産性（Total Factor Productivity：TFP）の日米格差
＝日本のTFP水準／米国のTFP水準（各年における米国のTFP

注：単位…各年の米国TFP水準=1.0（1955年〜2019年）。
出所：筆者作成。Jorgenson, Nomura and Samuels（2016）による産業レベル推計からの

高修正の1995年から2007年にかけては、日米TFP格差はマイナス6％から
さらに5ポイント悪化させているが、それは主として製造業のTFPの低下
によるものである。白川総裁期にはマクロ経済として再び5ポイントほどの
TFP悪化がみられるが、それは主としてサービス業の悪化による[8]。

　伝統的な経済学では、一国の総需要は貨幣量と名目的な要因によって決ま
るが、総供給は財やサービスの実質的な需給で決まるとされる。したがっ
て、物価変動は短期的に金融要因で決まるが、一国経済の長期的な成長経路
は金融政策とは無関係と考えられてきた。有名なソローの成長モデルが仮定
するように、貨幣は長期的に中立的だというのが経済学の常識だった。しか
し**図表3－7**にみるように、高圧経済から低圧経済へ移行した日本経済の経
験からは、名目的な要因が技術進歩をも停滞させてきたといえよう。

8　一部のサービス業における生産性は、製造業における生産性や競争力の低下を反映し
　ながら数年のタイムラグをもって低下するなど、遅行する傾向にあると考えられる。

水準を1.0と基準化）

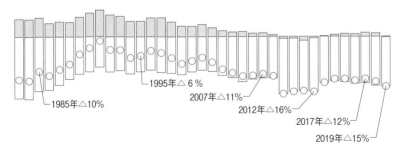

1985年△10%
1995年△6％
2007年△11%
2012年△16%
2017年△12%
2019年△15%

□非製造業による寄与度
▨製造業による寄与度
○日米TFP水準の格差

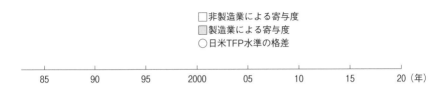

集計値（2019年までの更新推計値）。

　なぜ伝統的な経済学とは違った非中立性の結果が出るかについて、オークンはほかの理由とともに、高圧経済では資源の移動がより高い生産性のある業種に、しかも技術進歩を促進する産業、職場に移りやすくなるからだと説く。われわれは日本のような開放経済では次のような脈絡も働いたと思う。バブルつぶしの後、日本は低圧経済のデフレ気味になり、**図表3－6**にみるように資本の名目収益率は軒並み低下した。

　行動経済学が説くように、投資家は必ずしも実質の収益率に従わず、名目収益率に従うと考えよう。名目収益率は図のように日本企業にも対外投資のほうが魅力あるようにみえるので、日本の国内投資は高まらない。しかしながら、頭を冷やして考え、後で計測してみると、実は日本国内への投資の実質収益率は、円安時代ほどでないにしても一定の値を保っていたのである。このように金融緊縮に起因する低圧経済が、実質成長力をそいだのである。

　したがって、バブル後に、日本国内に投資すればそれなりの成長への寄与

があったのである。しかし、あまりにも日本銀行のバブルつぶしが鮮やか
だったために、デフレ国となった日本への、国内外からの投資が急速に途絶
えてしまった。実質投資の減少が長く続いたことが、日本の成長力を奪って
しまったのである。

5 高圧経済をどう実現するか

「低圧経済」のもとでは、**図表3－6**が示すように、国内の有益な投資が
見送られ、日本の得意であるはずのモノづくりの技術開発も低迷する。では
どうしたら「高圧経済」を実現できるだろうか。第一に求められることは、
強いられた賃金抑制を逆転させるため、生産価格差が1.0を上回る円高水準
の継続を絶対に避けることである。

図表3－2が示すように、日銀は円高容認の金融政策を繰り返し、国内で
の名目資本収益率がマイナスになるのを黙認してきた。現在のような円安水
準にあるときでも、企業がいずれは再び過度の円高が来ると予想するなら
ば、国内での生産拡張を躊躇するだろう。日本経済にとって、円高阻止は高
圧経済の必要そして十分条件である。安倍首相、黒田総裁が、せっかく円高
を阻止して500万人の新雇用をつくった後で、戦後日米経済史における4分
の3世紀の教訓を無視する「悪い円安論」が日本経済を再び沈没させないか
と心配でならない。

たしかに、現在（2023年初頭）の為替レート（130円／ドルほど）はまだか
なり割安で、日本銀行が短期金利調節を再開、イールドカーブコントロール
（YCC）の再検討などで、短期に円安傾向を抑えることは必要と考える。し
かし、戦後経済史を振り返ってみると、福井日銀総裁の前半、黒田日銀総裁
のアベノミクスの期間約10年間を除き、日本経済は1990年以降どちらかとい
うと金融引き締め政策が主体となって低圧経済として運営されてきた。これ
を続けないようにするには、短期には極端な円安を避けるにせよ、中長期的
には、継続した金融引き締め、円高運営にならないことが最も肝要なのであ
る。

図表 3 - 8　主要国の生産価格差（1970年～2021年）

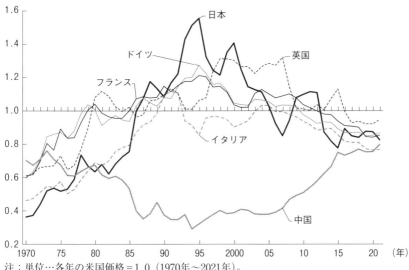

注：単位…各年の米国価格＝1.0（1970年～2021年）。
出所：各国GDPのPPPはICP 2017ラウンド（World Bank（2020））での（支出側からの）測
　　　定値（OECD.Statより）、名目実効為替レート（NEER）はIMF International Financial
　　　Statistics（IFS）の年平均推計値（Industrial System）に基づく1970年までの遡及推
　　　計値による（米ドルへの換算は2010年～2020年の各国対ドルレートの平均値）。なお、
　　　図表 3 - 1における日米両国の生産PLIは、PPPが産業レベルでの付加価値側からの
　　　測定値（Nomura, Miyagawa and Samuels（2019））に基づくものであり、またNEER
　　　ではなく日米の二国間為替レートによることから、ここでの生産PLIとは乖離する。
　　　ただし1995年における過度の円高傾向は両者で類似している。

　ドイツ経済は、東西統一がユーロ成立に近い年だったなどの事情で、単一
通貨ユーロの恩恵を享受してきた。経済大国として例外的に高い同国の輸出
依存度は、ドイツにとっての生産価格差が1.0を下回る持続的な通貨安で
あったことを背景としている[9]。国際通貨基金は、ドイツの為替レートは
2015年には10％から20％過小であると評価した（IMF（2016））。

　1970年以降における欧州主要国と日中両国の生産PLIを示したものが**図表
3 - 8**であるが、ドイツの為替レートの過小評価は現在も継続している。こ

9　米国が対日貿易赤字の拡大から日本に内需拡大を強く迫った頃、日本の純輸出はGDP
　比3.8％というピークを1986年に記録している。ドイツがその水準を超えたのは2002年
　であり、その後も上昇を続け2015年にはGDP比7.6％に達した。

れも高圧経済の効用の一例である。そして**図表３－８**にみるように、重要なことは、欧州主要国における為替レートの過大評価は最大20％から30％の水準であり、（そのさらに２倍となる）1995年の日本ほどの通貨高をこの半世紀に一度も経験していないことである。

　一般には、経済の活況はよいがインフレは困るといわれるかもしれない。しかし、いままでの日銀はほとんどいつもインフレ退治に熱心なので、当座は低圧経済の心配をしていればよさそうである。正しくは適度の高圧経済にするにはどうしたらよいだろう。すでに説明したように、もし世界市場がゼロ金利、マイナス金利と長期的沈滞に陥っていなければ、金融拡張が変動為替制度下で国内景気を改善できる。他国の金融拡張の影響は変動為替制のもとでは自国には緊縮的に働くが、それ以上に自国が拡大すればよい。リーマン危機以後、他国がなりふり構わず金融拡大を行い、通貨を下落させたが、そのため日本に円高が襲ってきた。日本銀行がそれに対して十分な金融拡大で対応しなかったために、日本経済は米英欧などリーマン危機の震源地以上の被害を負ったのである（安倍・浜田（2022））。

　それを受け継いだ安倍政権と黒田日銀総裁は、2012年末から2015年にかけて、金融の量的緩和を旗印にめざましい雇用回復の成功を示した。ところが、2016年以降、金融市場はゼロ金利となり、世界は長期的沈滞の状態を呈し、金融政策だけで各国が景気回復を行うことが困難になってきた。金融政策による日本経済回復も、アベノミクスの後半ではやや鈍化しつつあった。

　そこで求められる第二の施策は、財政の拡大である。通常の経済モデルでは、円安は金融拡張を他国に負けないようにすれば実現できる。しかしゼロ・マイナス金利下では金融政策に限界が生ずるので、財政拡張が主役とならざるをえない。そこで財政拡張が金利を上げて民間の資金需要を抑制しそうになり、国内景気の足を引っ張るときは、金融政策は長期金利の誘導目標を操作するYCCがうまく景気を調整できるというのが日銀の考え方であった。その際、政府赤字そのものは一国の対外債務を増やさない限り、国民の福祉に関係しないというのがラーナーの機能的財政の考え方で、浜田はそれに賛成する。将来の国民にとって政府がどれだけ借金しているかは政府と国

民との分配関係のみである。政府赤字のバランスより、どれだけ優れた人材が育ちインフラが蓄積されるかのほうが将来の世代にとってずっと重要である。ミクロでの無駄は生ずるかもしれないが、労働者が失業し、資本が利用されないよりは、能率が悪くても資源の完全雇用を保とうとする立場である。政府がインフレなしに紙幣を刷れる限り、国民の厚生と無関係だというのがラーナーの考えである。

　しかし、野村はニュアンスの違った考え方をとる。問われるべきは財政の質である。財政出動によって一時的な需要を創出しようとも、民間部門の資源配分を歪め、官公需や政策による支援などの宴の終了とともに、サプライサイドでは企業が急速に競争力を失うことが繰り返されてきた。政府が適切な分野に、適切な方法で支出すると期待することはほとんどむずかしい。民間の生産活動の後ろ盾となる需要や制度を失えば、それまでの生産性も蜃気楼のように消え去る。生産性リスクを高めるような財政出動や政策誘導は、中長期的には日本経済とってより大きな足枷となりかねない。

　両著者がともに賛成できることは、減税を優先すべきことである。減税では直接的な需要拡大効果が小さくなる面もあるが、民間の自律性を歪めることなく、生産性リスクへの懸念を回避できる。特定分野への財政出動は、それぞれの分野における課題を十分に認識したうえで行わなければならない。

6 結　語

　本稿では、あまりにも過度な1995年の円高により史上最高となった生産価格差が解消される2007年まで、日本経済が12年間もの歳月を要しながら国内の賃金低下を強いられてきたこと、それこそが長期にわたり日本経済を苦しめたデフレ圧力の源泉であると示してきた。そして日本経済を円高から防ぎ、緩やかなインフレ気味にしておく高圧経済は、雇用の短期的下落を防ぐだけでなく、長期的にTFPなど生産性の向上に役立ちうるのである。

　2008年以降、日本経済は再び過度の円高に翻弄された。2011年10月には史上最高値となる75.32円／ドルを記録し、大きく切り下げられてきた日本の

賃金率でさえ再び米国水準の賃金率と（ドル建てでは）同水準となる状態へと近づいた。その後アベノミクスによって円高が修正され、名目賃金の下落が止まり、名目資本収益率が改善しても、日本経済において労働と資本の相対価格が上昇へと転じたのは2018年以降まで待たねばならなかった。しかし、それでも同時期から日米のTFP格差が再び拡大したことは、日本の産業政策による非効率な資源配分を疑わせる。技術的裏付けをもたないままに強化させる省エネ政策、GX（グリーントランスフォーメーション）や経済安全保障の名のもとに導かれる、さらなる非効率性の誘発に対する懸念も大きい（野村（2023））。

2022年10月に151.95円まで進行した円安は、2023年3月現在では130円ほどまで落ち着きをみせるが、2022年暦年平均は29％ほどの円の過小評価の状態にあると解される。それは1972年の水準に近い。当時それを享受していた日本経済が、翌年に第一次オイルショックの直撃を受けたように、現在の国際的なエネルギー価格高騰の環境下では、行き過ぎた円安による弊害も大きい。より穏やかな円安水準を持続させ、そして企業が真に国内生産へと回帰できる環境を整えることが求められる。

課題は多いが、日本経済は成長ポテンシャルを依然としてもっていると考えられる。海外へと進出した企業でも、現地での度重なるトラブルから、あらためて国内人材の質の高さを評価する声も聞く。中国では、1980年代後半から20年間継続した60％もの価格競争力としての優位性は、日本の高度成長期に類似するものであった。しかし2000年代後半からは中国の優位性も失われつつあり、現在の水準は日本や欧州と同レベルにある（**図表3－8**）。米国の国内における内外価格差は大きいため、主要工業国における製造業の競争条件はほぼ中立な状態に近づいているといえよう。穏やかな持続的円安による高圧経済のもと、日本国内における労働と資本の相対価格が力強く上昇するものとなれば、労働節約的な設備投資が拡大し、そのときこれまでのIT投資の有効性も発揮されるだろう。主要国の中できわめて例外的に、長期にわたり抑制され続けてきた日本の低賃金は、再度のキャッチアップに向けたエネルギーを貯め込んでいる状態でもあるのだ。

〈参考文献〉

安倍晋三・浜田宏一（2022）「民間の知恵が生んだアベノミクスの成功」『正論』2月号

野村浩二（2004）『資本の測定：日本経済の資本深化と生産性』慶應義塾大学出版会

野村浩二（2023）「エネルギー投入と経済成長—日本経済の経験から何を学ぶか？」『経済分析』第206号、内閣府経済社会総合研究所

野村浩二・浜田宏一（2022）「日本経済に望ましい持続的円安」『正論』7月号

Hamada, Koichi and Koji Nomura（2023）"The Over-Valued Yen and the Low-Pressure Economy Repressed Productivity in Japan," *International Journal of Economic and Finance,* 15（6）.

IMF（2016）"Germany: 2016 Article IV Consultation," June.

Jorgenson, Dale W. and Koji Nomura（2005）"The Industry Origins of Japanese Economic Growth," *Journal of The Japanese and International Economies,* 19.

Jorgenson, Dale W., Koji Nomura and Jon D. Samuels（2016）"A Half Century of Trans-Pacific Competition: Price Level Indices and Productivity Gaps for Japanese and U.S. Industries, 1955-2012," in D. W. Jorgenson, et al.（eds.）*The World Economy–Growth or Stagnation?,* Cambridge: Cambridge University Press, Chap.13.

Kiyotaki, Nobuhiro and John Moore（1997）"Credit Cycles," *Journal of Political Economy,* 105（2）.

Nomura, Koji, Kozo Miyagawa and Jon D. Samuels（2019）"Benchmark 2011 Integrated Estimates of the Japan-US Price Level Index for Industry Outputs," in B. M. Fraumeni.（eds.）*Measuring Economic Growth and Productivity : Foundations, KLEMS Production Models, and Extensions,* Academic Press, Chap. 12.

Okun, Arthur M.（1973）"Upward Mobility in a High-pressure Economy," *Brookings Papers on Economic Activity,* No.1.

World Bank（2020）*Purchasing Power Parities and Real Expenditures of World Economies: Summary of Results and Findings of the 2017 International Comparison Program,* Washington, D.C.: World Bank.

Yellen, Janet L.（2016）"Macroeconomic Research After the Crisis," at The Elusive 'Great' Recovery: Causes and Implications for Future Business Cycle Dynamics, 60th annual economic conference sponsored by the Federal Reserve Bank of Boston, Boston, Massachusetts, October 14.

第 4 章

高圧経済政策が労働市場にもたらした好影響
——アベノミクス期の経験から

第一生命経済研究所　主任エコノミスト

星野　卓也

本章では、高圧経済政策の労働市場を通じた効果について考察する。主に、有効求人倍率の上昇や失業率の低下等のなかで人手不足が多くの企業にとって課題として浮上したアベノミクス下の高圧経済期を分析する。この期間に関して消費者物価の上昇率は日本銀行のインフレ目標値の「安定的に２％」に届かなかったことなどから、「高圧経済期」と呼ぶべきか、という点については議論の余地があろう。しかし、少なくとも人手不足が企業の課題となり始めたという点で1990年代・2000年代に比べて労働需給が引き締まっており、「相対的に」経済が高圧化したことは明らかだ。高圧経済政策の効果を推し量るうえでは適した時期といえよう。アベノミクス期とそれ以外の時期等の対比を通じて、1990年のバブル崩壊後にみられなかった今回の労働需給のひっ迫・人手不足がどのように労働市場に影響を与えてきたか、今後高圧経済政策を志向した場合にどのような影響を与えることになるかに関して考察する。

　本章の第１節では人手不足によって時間当り賃金の上昇が生じた点、第２節では転職者の賃金が長期勤続者賃金にキャッチアップし、労働移動を促す方向に作用した点についてデータをもとに論じる。第３節では、低所得雇用の環境改善によって失業者や非労働力人口など従来働いていなかった人の雇用が創出された点、第４節では低所得者の待遇改善がより大きくなることで、地域間格差も含めた所得格差の是正につながったことを示す。第５節では人手不足が賃金以外の面における労働者待遇改善をもたらした可能性を論じる。

1 時間当り賃金の上昇と雇用増

　図表４－１は厚生労働省の毎月勤労統計を用いて、時間当りの名目賃金と実質賃金をみたものである。毎月勤労統計は１人当りの賃金がヘッドラインとして公表されるが、「１人当り」の賃金は短時間労働者が増加することでその平均値が押し下げられる。アベノミクス期は短時間労働者が雇用増をけん引したことから、賃金の実勢を追ううえでは時間当りの賃金をみるのが適

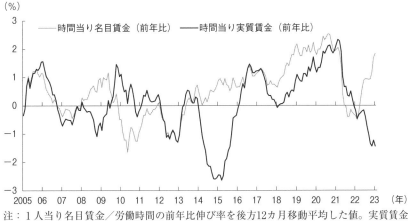

図表4－1　名目・実質時間当り賃金（前年比）の推移

(%)

凡例：
時間当り名目賃金（前年比）
時間当り実質賃金（前年比）

注：1人当り名目賃金／労働時間の前年比伸び率を後方12カ月移動平均した値。実質賃金
　　は消費者物価の「持ち家の帰属家賃を除く総合」で実質化している。
出所：厚生労働省「毎月勤労統計」、総務省「消費者物価指数」各種資料より第一生命経
　　　済研究所が作成。

切である。

　これをみると、アベノミクス期を通して名目賃金の上昇率はそれ以前より
高まる方向にあったことがわかる。けん引したのは短時間労働者の賃金増
だ。流動性の高いアルバイト・パートの労働市場で特に人手不足度合いが高
まり、賃金の上昇がみられた。物価で割り引いた時間当りの実質賃金は、
2014年の消費税率引上げ（5％→8％）や、足元の2021年から2022年の原油
高・円安に伴う物価上昇期を除けばプラス傾向が続いていた。人手不足のな
かで時間当り賃金にも上昇圧力が及んでいたといえよう。

2 転職者賃金の上昇が労働移動を促す

　次に高圧経済のもとで生じる人手不足から期待される経路として、ポジ
ティブな——賃金上昇を伴う——労働移動を促す効果がある。人手不足によ
る労働需給のひっ迫により転職者の賃金が増加し、労働移動のメリットが増
すことで労働移動が活性化する。実際に、総務省「労働力調査」によれば転

職者数（就業者のうち前職があり、過去1年間に離職の経験がある人）は2012年以降のアベノミクス期に増加傾向で推移し、2019年には351万人と比較可能な2002年以降で最も多くなった。転職の理由をみると、「より良い条件の仕事を探すため」とする割合が増加している。また、厚生労働省の「雇用動向調査」やリクルートの公表する「転職時の賃金変動状況」によると、転職時に賃金が増加したと回答する割合がアベノミクス期に明確に上昇した。労働需給のひっ迫に伴って、より高待遇の仕事への労働移動が拡大したと考えられる。

日本では、雇用動向調査などで転職者の賃金変動をみることができるが、比較可能なかたちで同時期の既存雇用者との違いをみた公的統計はない。米国のアトランタ連銀は、毎月の雇用統計／家計調査の個票データをもとに、「同じ世帯」の賃金上昇率をウォッチするWage Growth Trackerを公表している。同サンプルを対象とすることで雇用形態やサンプル入替えの影響などを除去でき、個々人の賃金にフォーカスできることが本統計のメリットだが、ここではJob Stayer（非転職者）とJob Switcher（転職者）に分けて賃金上昇率が示されている。これによれば、米国では好景気（労働需給ひっ迫）時にJob Switcherの賃金上昇率がJob Stayerのそれを上回る傾向があり、労働需給のひっ迫が転職者賃金をより大きく増加させ、よいかたちでの労働移動を促すように機能している。

「転職者の待遇」は労働移動のもたらす効果を図るうえできわめて重要なデータだが、日本ではこの点について公的統計は十分にカバーがなされていないのが現状である[1]。

そこで、転職者賃金と長期勤続者賃金の比較を行うという観点で、年次で公表される厚生労働省「賃金構造基本統計調査」において勤続年数ごとの賃金水準が示されていることに着目した。転職者＝勤続年数0年の労働者、長

1　そもそも労働移動・転職自体が一般的でない日本型雇用慣行を前提に公的統計も整備されてきた点に鑑みれば、やむをえない面もあるのかもしれない。今回の分析に用いた賃金構造基本統計調査も年次公表であり、月次でタイムリーにその動きを把握することはできない。それを評価する指標の整備はあわせて進めるべきだろう。

期勤続者＝年齢からみた新卒入社からの年数と勤続年数が近い労働者、とみなし、その違いをみてみることとした。具体的には長期勤続者については20代前半程度を入社時点として、「勤続5～9年の25～29歳」「勤続10～14年の30～34歳」「勤続15～19年の35～39歳」……をそれとみなしている。これと「勤続ゼロ年の25～29歳」「勤続ゼロ年の30～34歳」「勤続ゼロ年の35～39歳」……と比較し、新卒からの長期勤続者と中途採用者の賃金がそれぞれどのように変化しているのかをみてみた[2]。

　雇用形態など長期勤続／中途以外の属性による違いを可能な限り統制する観点から、短時間労働者以外の一般労働者を対象とした。こうして求めた勤続ゼロ年者の賃金を長期勤続者の賃金で除することで両者の賃金の相対感の変化を確認したものが**図表4－2**である。上段が男性、下段が女性の値であり、年齢階層ごとにその時系列推移を整理している。

　一見してわかるように、アベノミクス下で人手不足が企業の課題としてあげられるようになった2015年頃から多くの性・年齢階層で値は上昇している。転職者賃金の上昇率が長期勤続者賃金を上回り、転職者賃金がキャッチアップする方向にあったことが確認できる。日本においても人手不足によって企業が中途採用者をより重視するようになり、賃金を引き上げていることを示唆している。また、年齢階層ごとの特徴もみられる。20代から30代の年齢層では上昇の度合いが比較的小さいが、賃金の水準値を確認するとこれは転職者賃金とともに長期勤続者の賃金も上がっているためであることがわかる。一方、値の上昇が顕著である40代について転職者賃金の上昇がみられる一方で長期勤続者の賃金は低下方向にあった。年齢の高い層ほど転職者賃金と長期勤続者の賃金水準自体に大きなギャップがある（高年齢階層ほど**図表4－2**の値が低くなっていることに対応）が、それが是正される方向で推移してきたことがわかる。年功序列の賃金体系、それに伴う長期勤続者の賃金水

2　賃金構造基本統計調査は事業所への調査である一方で、アトランタ連銀のWage Growth Trackerのもととなる調査は家計を対象としている。今回の分析でみることができるのは、「同じ企業が勤続雇用者と中途採用者の賃金をどう変化させているかの違い」である。アトランタ連銀の場合には、労働者がより高い賃金の「別の企業」へ転職した場合にも転職者賃金の上昇としてカウントされる点が異なる。

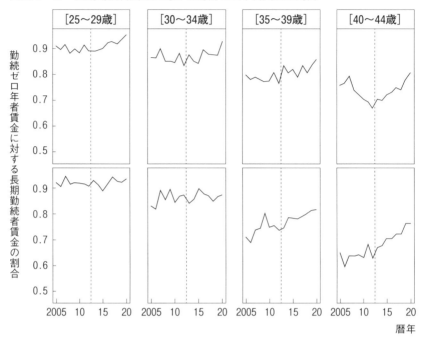

図表 4 - 2　長期勤続者賃金に対する勤続ゼロ年者賃金の割合

注：点線より先はアベノミクス開始の2013年以降を示す。以下を長期勤続者としている。
　「20～24年の40～44歳」「勤続25～29年の45～49歳」「勤続30年以上の50～54歳」「勤続30
　続ゼロ年者賃金／長期勤続者賃金」を計算。
出所：厚生労働省「賃金構造基本統計調査」より第一生命経済研究所が作成。

準の相対的な高さが労働移動のインセンティブをそいでいる、との立場に立
てば、このギャップの是正は効率的な労働資源配分を促すうえで望ましい現
象といえるだろう。

3　Upward Mobilityを失業の減少としてとらえる

　日本では、しばしば低生産性業種から高生産性業種への労働移動を促す重
要性が指摘されてきた（たとえば、厚生労働省（2016）、第 2 章第 3 節）。高圧
経済政策と労働移動の関係を論じたOkun（1973）は高圧経済下で生じる労
働需給のひっ迫がより生産性の高い部門への労働移動をもたらす点を指摘し

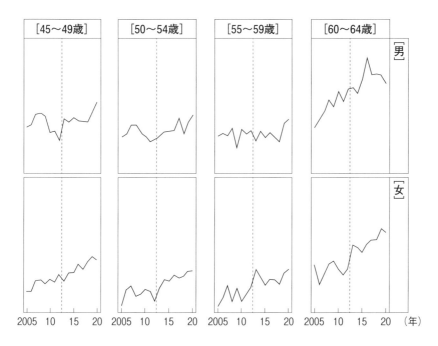

[45〜49歳]	[50〜54歳]	[55〜59歳]	[60〜64歳]

[男]

[女]

2005 10   15   20   2005 10   15   20   2005 10   15   20   2005 10   15   20 （年）

「勤続 5 〜 9 年の25〜29歳」「勤続10〜14年の30〜34歳」「勤続15〜19年の35〜39歳」「勤続
年以上の55〜59歳」「勤続30年以上の60〜64歳」。所定内給与額をもとに各年齢階層の「勤

た（Upward Mobility）。この点に関して日本の動向を確認したい。

　労働移動が労働生産性に与える影響をみるうえで、政府の白書（たとえ
ば、内閣府（2015）、第 2 章第 2 節）などでも用いられた方法がNordhaus
（2001）の要因分解であり、労働生産性変化率について①純生産性効果（各産
業の労働生産性の変化率による効果）、②ボーモル効果（経済全体の産業構造シェ
アの変化による効果）、③デニソン効果（労働投入量の産業別シェアの変化によ
る効果）の 3 つに分解するものである。この手法を用いて、直近までの日本
における労働生産性上昇率の要因分解を行ったものが**図表 4 － 3** である。

　一見してわかるように、労働生産性上昇率の動きの多くを説明するのは
「純生産性効果」、つまり同業種における生産性の改善であることがわかる。

図表 4 － 3　日本における労働生産性上昇率の要因分解

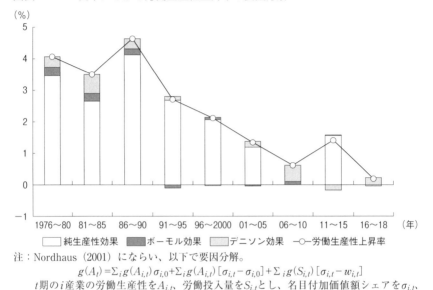

注：Nordhaus（2001）にならい、以下で要因分解。
$$g(A_t) = \Sigma_i g(A_{i,t}) \sigma_{i,0} + \Sigma_i g(A_{i,t})[\sigma_{i,t} - \sigma_{i,0}] + \Sigma_i g(S_{i,t})[\sigma_{i,t} - w_{i,t}]$$
　　　 t 期の i 産業の労働生産性を $A_{i,t}$、労働投入量を $S_{i,t}$ とし、名目付加価値額シェアを $\sigma_{i,t}$、労働投入量シェアを $w_{i,t}$ とする。$g(\cdot)$ は変化率（対数階差）。$t=0$ は基準年（EU KLEMSにならい1995年とした）。右辺の第 1 項を純生産性効果、第 2 項をボーモル効果、第 3 項をデニソン効果とした。
出所：EU KLEMS（1994年以前は2009年版、1995年〜2018年は2021年版）より第一生命経済研究所が作成。

　本節の主題である「低生産性業種から高生産性業種への労働移動」による影響は、③のデニソン効果が対応している。アベノミクス期の動向をみると、デニソン効果が過去に比べて明確に高まった様子はうかがえない。この結果をもってアベノミクス期の人手不足で「低生産性業種から高生産性業種への労働移動が加速した」、と解釈するのはむずかしそうである。

　しかし、この結果をもってよい労働移動が起こらなかったと解釈するのは早計だろう。それは、アベノミクス期の雇用増加は従来労働市場に参入していなかった女性や高齢者の労働参加によってもたらされている、という性質による。増加した雇用者の形態は小売業やサービス業におけるパート労働などが中心であった。デニソン効果の計測には「労働投入量（就業者数×1人当り労働時間）の産業別シェアの変化率」が用いられる。低賃金産業の雇用

増によって就業者全体に対するシェアが高まると「デニソン効果」を低下させることになる。逆に、不況期に低賃金産業の人たちが失業等によって働かなくなった場合には、低賃金産業の労働投入のシェア低下からデニソン効果がプラスになる、ということも生じる。

アベノミクス期には、従来「就業者でなかった人が就業者として働くようになった」というかたちで生じていることから、その効果が過小評価されている可能性が考えられる。従来であれば生産活動に参加していなかった（労働生産性＝0）の失業者や非労働力人口からのシフトと考えれば、雇用先が低賃金産業であったとしても経済の総供給能力を高める前向きな動きとして解釈することができよう。

そこで、図表4－4では総付加価値を失業者や非労働力人口も含めた総人口で割った値について、就業者以外の人（失業者＋非労働力人口）に関して生産性がゼロであるとみなし、図表4－3と同様のプロセスで要因分解を行った。ここでは、失業者や非労働力人口が低賃金労働に就いた場合にも労働移動としてカウントされる。多くの期において「純生産性効果」の動向が全体を左右している[3]点は図表4－3と変わらない。この尺度でみると直近の「実質GDP／人口」は主にデニソン効果（労働移動）によって高まっていることがわかる。

このように日本のアベノミクス期におけるUpward Mobilityは、就業者内での低生産性業種から高生産性業種への移行を中心としたものではなく、失業者や非労働力人口の労働参加のかたちで生じていたといえるだろう。アベノミクス期には正社員市場での賃金上昇は限定的にとどまったものの、パート労働者をはじめとした低賃金かつ流動性の高い労働市場では相対的に大き

---

[3] 本章の主題とは離れるが、労働生産性の変化の多くを説明している純生産性効果の動向について簡単に述べておく。まず、図表4－3と比べると、純生産性効果が図表4－4において低下していることが注目される。これは、不況期に生産性の低い分野の労働者が解雇され、見かけ上、労働生産性が上昇していたことを示している可能性がある。次に、それでも純生産性効果が大きく、かつ1990年代以降低下していることは、経済の低圧化のなかで資本投入が低下したことによるのではないかと考えられる。本書第3章、第6章の議論も参照。

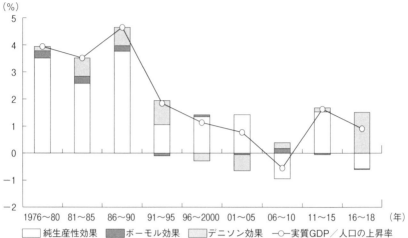

図表 4 - 4　実質GDP／人口の上昇率・寄与度分解

(%)

凡例：
□ 純生産性効果　■ ボーモル効果　▨ デニソン効果　─○─ 実質GDP／人口の上昇率

注：**図表 4 - 3**について、①労働投入量を全人口に置き換え、②就業者以外の人の生産性
をゼロとする、という変更を行い、同様の要因分解を行っている。
出所：EU KLEMS、総務省より第一生命経済研究所が作成。

な賃金上昇が起こった。このため、低賃金雇用における待遇改善が従来労働
参加していなかった人たちの労働意欲を引き出すことで、就業者数の拡大に
つながったと考えられる。

4　低所得者の賃金改善で格差は縮小

　Okun（1973）は高圧経済政策によって、低賃金で弱い立場にある若年層
や女性に大きな恩恵が及ぶことを指摘した。日本のアベノミクス下でもこう
した現象は起きたのか。

　図表 4 - 5は厚生労働省の「賃金構造基本統計調査」をもとに、所定内給
与月額の賃金分布について2012年・2015年・2019年の違いをみたものであ
る。年を経るごとに男女ともに低中所得層において賃金分布の右シフトが生
じている。特に女性の右シフトが大きくなっており、賃金格差の是正が進ん
でいることがわかる。また、総務省の公表する「全国家計構造調査」（年間

図表 4 − 5 　所定内給与月額の賃金分布の変遷

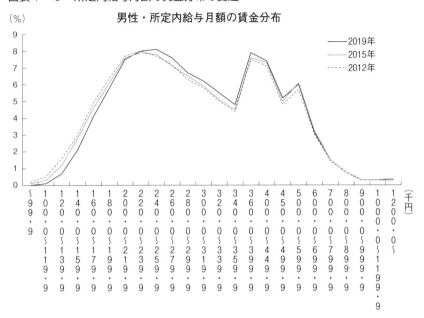

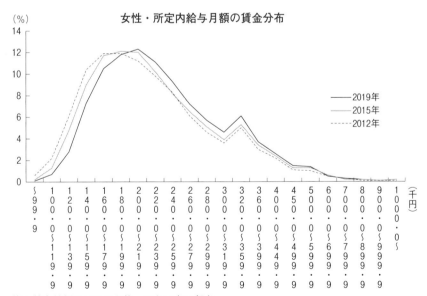

注：賃金月額のバンドが均一でない点に留意。
出所：厚生労働省「賃金構造基本統計調査」より第一生命経済研究所が作成。

収入・資産分布等に関する結果・結果の要約）をみても、等価可処分所得のジニ係数は1999年：0.273→2004年：0.278→2009年：0.283と上昇してきたが、それ以降は2014年：0.281→2019年：0.274と低下に転じており、所得格差が是正される方向にある。

　日本では流動性が高く低賃金の非正規雇用の労働市場と流動性が低く相対的に高賃金の正規雇用の市場との二分が生じている。労働市場のひっ迫は流動性の高い非正規市場においてより大きな賃金上昇圧力を発生させた。このため、低賃金の労働者や女性の賃金が上昇し所得格差を是正する圧力を及ぼしたと考えられる。

　低賃金の雇用により大きな待遇改善圧力をもたらすという特徴から、アベノミクス下では所得の地域間格差も縮小する方向にあった。

　図表4－6は内閣府「県民経済計算」に基づいて、1人当り県民所得の上位5位までの県と下位5位までの県の比率を算出したものである。値が大きいほど都道府県間の所得格差が大きいことを示すが、2016年頃から低下傾向

図表4－6　1人当り県民所得・上位5県／下位5県の比率

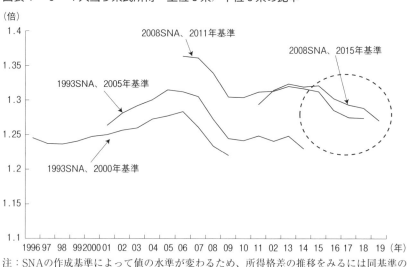

注：SNAの作成基準によって値の水準が変わるため、所得格差の推移をみるには同基準の
　値の方向性に着目する必要がある。
出所：内閣府「県民経済計算」より第一生命経済研究所が作成。

にあり、格差が縮小する方向にあることがわかる。正規・非正規の所得格差、地域間の所得格差は日本経済の課題としてしばしば掲げられるものであるが、高圧経済政策とそれに伴う人手不足はそうした問題を緩和する方向に作用したことが示唆される。

5 | 非賃金面における待遇改善効果

　高圧経済政策を志向することによって生じる人手不足は、雇用の希少価値を上昇させることになる。賃金上昇はそれによって生じる影響の1つだが、労働者の待遇は賃金のみに限られるものではない。Akerlof et al.（1988）は低い失業率のもとでは離職率が高くなり、仕事の非金銭的な側面に不満をもつ労働者が容易に転職するようになり、たとえ離職者が賃金上昇を経験しなかったとしてもより仕事に対する満足度が高まるとしている。高圧経済政策に伴う労働需給のひっ迫は、労使のパワーバランスを労働者寄りにシフトさせることで、賃金以外の待遇改善にもつながると考えられる。

　非賃金待遇はさまざまな尺度があると考えられ、一概に評価することはむずかしいものの、日本は賃金のみでなく非賃金面の待遇も低いと考えられる。国内で「ブラック企業」や「過労死」が社会問題化してきた歴史はその一角であろう。非賃金待遇の一例として、近年注目されている従業員エンゲージメントをあげる。愛社精神をもち、従業員が仕事に対して熱意をもって働くことができているか、という概念だ。2021年のGallup社の調査によれば、日本におけるEngaged Worker（熱意ある社員の割合）は5％にとどまり、北米の34％や東欧の21％、西欧の11％など世界各国と比べても低い水準にある。

　なぜ、日本のエンゲージメントは低いのか。人事コンサルタントで日本企業が海外進出する際に人事管理制度のサポート等を行うRochelle Kopp氏は2015年に執筆した著書において、日本型雇用慣行に根差した人事管理システムが従業員の幸福度やモチベーション、エンゲージメントの低下につながっていると批評している。以下、著書の一部引用である。

・「新卒正社員はその後企業内で移動され、ほぼ足並みをそろえて昇給する。各社員がどんな仕事をどこでするかは企業が決定する。人事部が社員に仕事を割り当てるプロセスは、まったくのブラックボックスであると言ってよい。大抵の場合、割当の理由は不明瞭で、個人の興味、願望、才能、家庭の事情が考慮されることは殆どない」

・「日本の正社員は人生の別の側面も諦めることになる。仕事の量を制限したり、残業を断ったり、遠方への赴任を辞退することができない。(中略) 日本の正社員は、藩主に使える侍に似ている。一族の一員として、命じられたことに文句を言わずに服従しなければならない」

・(ゼネラリスト育成型の人事制度体系の下で)「社員は基本的に自分の職場に封じ込められており、日本企業はそのような社員の忠誠心を当然と考えてきた。どんなことがあっても、他の選択肢がないことから、社員は企業にとどまる傾向が強いため、企業は、社員の保持や仕事に対する満足度について配慮する必要はなかった。実際、日本企業は社員をどんなにひどく扱っても(過剰な労働、不快な上司、いやな仕事を割り当てるなど)、社員がその企業を離れることはないだろう」

同著はこれらの問題が日本型の人事管理システムにあると整理しているが、この日本型雇用慣行の継続を可能にしたのも人余りの経済環境だといえる。企業内に十分な人員余剰を抱えることができた企業は、中途採用をせずとも社内異動で事業を継続できる。これは企業が外部から中途採用を行う必要性を低下させてきた。しかし、**図表4-2**にみたようにアベノミクス下では、人手不足環境が転職者賃金の上昇などを通じて転職・労働移動を促す作用を及ぼし、実際の転職者数も増加傾向にあった。人手不足が企業に中途採用の必要性を生じさせ、終身雇用・年功序列を根幹とする日本型雇用慣行に見直しを迫っているのだ。実際に、足元ではジョブ型雇用の導入を進める企業が増えているのも、中途採用者を獲得するための企業の人事戦略である。

労働移動が活発になれば日本型雇用慣行の見直し圧力が生じ、それに伴う長期勤続・年功序列を前提とした人事管理体系の見直しはいっそうの労働移

動を促すことが期待される。日本型雇用慣行の見直しや労働市場の流動化は長年日本の課題として掲げられてきた。高圧経済政策やそれに伴う人手不足は労使のパワーバランスを変化させ、企業に人事制度の見直しを迫るプレッシャーとなる。

　実際にアベノミクス下においても、労使のパワーバランスは徐々に是正される方向にあったとみられる。参考となる数値として、Google Trendsの検索インタレストを示している（**図表4－7**）。

　この指標は時系列でGoogleを用いた検索数がどのように変化したかを相対的な指標（最小～最大を0～100）で示したものである。国内で社会問題化した「ブラック企業」や「ワーキングプア」はいずれも低下傾向にある。人手不足によって低賃金雇用者の待遇改善が進んだことで、これらの問題が緩和してきたことがうかがえる。一方で、先にみた「エンゲージメント」は増加傾向にあり、世の中の関心が高まっていることがわかる。近年注目され始めた言葉ではあるが、日本で注目されるようになった根幹には人手不足に伴って、企業にとって従業員の新規採用やつなぎ止めが課題となり、非賃金面での従業員の待遇改善を進める必要性が生じていることがある。「カスハラ」（カスタマーハラスメント）は顧客による従業員への悪質なクレーム、不当な要求などのハラスメントを指す言葉として、近年生まれた言葉である。「お客様は神様」（従業員＜顧客）から「従業員を大切にする」（従業員＝顧客）考え方へのシフトが企業や社会に受け入れられてきたことを示唆するものだろう。

　これらの従業員エンゲージメントをはじめとした非賃金面での待遇に関して、日本はいまだ低いと考えられる。しかし、人手不足環境の継続によって変化の兆しが表れていることは見て取れる。また、先のGallup社調査やKopp氏の著書などでも指摘されている点として、従業員エンゲージメントの向上によって、組織の生産性・パフォーマンスが高まる効果に注目が集まっている。人手不足環境の継続によって従業員に対する非賃金面での待遇改善が進み、供給サイドを改善させる効果も期待できるのではないか。

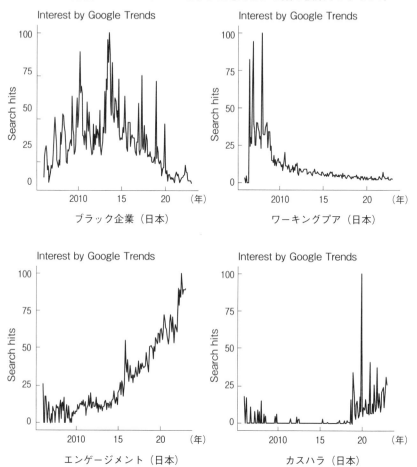

図表 4 - 7　労使のパワーバランスを示すと考えられる語の検索インタレスト

ブラック企業（日本）

ワーキングプア（日本）

エンゲージメント（日本）

カスハラ（日本）

注：Googleの検索数を相対尺度（最小値 0 ～最大値100）で示したもの。
出所：Google Trendsより第一生命経済研究所が作成。

6 結語
——高圧経済政策×労働市場流動化の合わせ技が必要

　以上、アベノミクス期の動向を中心に人手不足環境が与えた影響について、先行研究などをベースに論じてきた。その効果として、時間当り賃金の上昇、転職者賃金の長期勤続者へのキャッチアップ、失業者・非労働力人口の労働参加による人口当り付加価値の改善、低所得者の賃金増加による格差是正、非賃金面での従業員待遇改善効果、をあげた。

　これらの効果の源泉は、人手不足による労働市場のひっ迫と、それに伴って従業員が「よりよい待遇を求めた労働移動」という行動をとることにある。日本では、これらが生じない原因として、日本型雇用慣行やそれに根差した硬直的な労働市場が成長産業への労働移動を妨げているとの議論がなされてきたが、それらの是正は思うように進んでこなかった。しかし、アベノミクス期の人手不足のもとでは、ポジティブな労働移動が徐々に増え始めたほか、労使のパワーバランスが是正される動きもみられた。日本型雇用慣行の見直しが進まなかった背景には、労働移動が従業員側にとってメリットとなるほど労働需給が引き締まっていなかった、というマクロ経済環境の事情も大きかったと考えられる。人手不足のもとでは、企業は自ら日本型雇用慣行の見直しに動き始め、労働者は自らよりよい待遇を求めて労働移動を行うようになっている。また、人余り環境で労働市場を流動化しても、企業側による整理解雇や生産性・賃金、非賃金待遇の低い産業への労働移動が発生する可能性が高く、望ましい効果は得られないだろう。解雇規制の緩和等をはじめとした企業側主導の労働市場流動性向上策に反対の声がやまなかったことも、人余り環境とそれに伴う中途採用市場の未発達のなかでは、労働者の待遇改善にはつながらないという労働者サイドの実情に沿った現実的な判断だったといえる。

　岸田首相は2023年1月の施政方針演説において、「構造的賃上げ」を実現するために①リスキリングによる能力向上支援、②日本型の職務給の確立、

③成長分野への円滑な労働移動、を軸にした労働市場改革を進めることを示した。これらの改革が円滑に進み、所与の効果を発揮するために必要なことは、一定の人手不足状態である。低圧経済環境のなかでは能力向上を進めたとしてもそれを活かす十分な機会や好待遇の雇用が生まれない。労働市場の流動性を高めても、人余り環境のなかでは賃金などが下がる悪い労働移動や雇用の不安定化を招くことになる。労働市場の流動性向上・柔軟化は日本経済にとって重要な課題だが、それが望ましい効果を発揮するための土台は一定の人手不足状態——高圧経済環境の継続であると考える。

〈参考文献〉

厚生労働省（2016）「平成28年版労働経済の分析」

内閣府（2015）「平成27年度年次経済財政報告」

21世紀政策研究所（2022）「中間層復活に向けた経済財政運営の大転換」21世紀政策研究所研究プロジェクト

Rochelle Kopp（2015）『日本の企業の社員は、なぜこんなにもモチベーションが低いのか？』クロスメディア・パブリッシング

Akerlof, G. A., Rose, A. K., Yellen, J. L., Ball, L., & Hall, R. E.（1988）"Job switching and job satisfaction in the US labor market," *Brookings papers on economic activity, 1988（2）, 495-594.*

Nordhaus, W. D.（2001）"Alternative methods for measuring productivity growth," *NBER Working Paper Series, Working Paper 8095.*

Okun, A. M., Fellner, W., & Greenspan, A.（1973）"Upward mobility in a high-pressure economy," *Brookings Papers on Economic Activity, 1973（1）, 207-261.*

第 5 章

高圧経済が労働生産性に与える影響
——OECD加盟国を中心としたパネルデータ分析

青山学院大学法学部　教授

佐藤　綾野

多くの経済成長理論によると、高い経済成長を達成するためには、機械や設備などの物的資本ストックの増加と高い技術進歩、そして労働の増加が必要とされる。今後人口減少が予想される日本にとっては、この労働を量として劇的に増加させることはほとんど不可能といってよい。したがって移民を大量に受け入れる政策を除いて、労働を増加させるためには、労働の量を実質的に増加させるのと同じ効果をもつ労働生産性の向上が唯一の解となる。

　労働の生産性に関する先行研究は数多く存在する。なかでもAutor et al.（2006、2007）やBassanini et al.（2009）、Riphahn（2004）では、解雇規制（EPL）が厳しい国では、労働市場の流動性が低くなり、労働生産性（あるいは全要素生産性）が低下する傾向を見出している。日本の企業レベルのデータを用いたOkudaira et al.（2013）でも、解雇規制によって企業の全要素生産性成長率が有意に低下することを実証的に明らかにしている。つまり、流動的な労働市場は労働生産性を向上させるものと考えられる。

　しかしながら、一国の労働市場の流動性の程度は、解雇規制や雇用慣行だけでなく、マクロ経済環境にも大きく依存すると考えられる。たとえば高圧経済になると、企業は増加する需要に応えるため雇用を増加させるであろう。さらに、労働市場の需給がひっ迫すると失業が減少し賃金が上昇するとともに、労働者はより好ましい労働環境を求めて転職が活発化すると予想される。

　そこで本研究では、解雇規制に加え、高圧経済や高圧経済によって促進されると予想される労働の流動性などが、どのように労働生産性に影響を与えるかについて、OECD加盟国を中心とした先進国を対象としたパネルデータを用いて実証分析を行う。

　本稿の構成は次のとおりである。第1節では各国の解雇規制や本研究で作成した労働の流動性指標、労働生産性などの指標を概観し、第2節ではそれらのデータを用いて実証分析を行う。第3節は本研究の結論部である。

1 労働の生産性と流動性指標の国際比較

　本節では、OECD加盟国のなかから、2021年において１人当りGDP（購買力平価換算、IMF）で３万5000ドル以上かつ総人口1000万人以上の国を抽出して、労働の生産性および労働の流動性指標について概観する。抽出された国は、日本、米国、英国、カナダ、イタリア、フランス、ドイツ、スウェーデン、オランダ、ベルギー、チェコ、ポーランド、ポルトガル、スペイン、オーストラリアの15カ国である[1]。

図表５－１　労働生産性の時系列（1995年〜2021年）

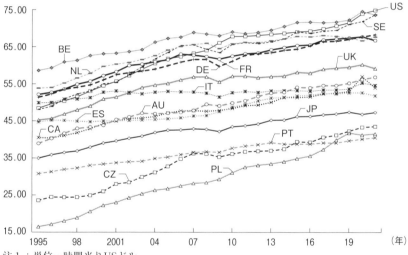

注１：単位…時間当りUSドル。
注２：JP…日本、US…米国、UK…英国、CA…カナダ、IT…イタリア、FR…フランス、DE…ドイツ、SE…スウェーデン、NL…オランダ、BE…ベルギー、CZ…チェコ、PL…ポーランド、PT…ポルトガル、ES…スペイン、AU…オーストラリア。
出所：OECD（https://stats.oecd.org/）、"Level of GDP per capital and productivity（per hour worked USD constant price, 2015 PPPs）"

1　サウジアラビアと韓国は、この条件に当てはまっているが雇用の流動性指標を作成するために必要なデータが入手できなかった。よって本研究のサンプルには含めていない。

図表5－1は、1995年から2021年までの各国における労働生産性の推移を示している。一般に、労働生産性は労働投入量1単位当りの産出量（付加価値）と定義されるが、ここでの労働の生産性はOECDから抽出された1時間当りの実質GDP（2015年価格基準）であり、国際比較のために2015年の購買力平価を使用して米ドルに換算している[2]。

　購買力平価の使用には注意が必要だが、この指標を用いると、2021年時点で労働生産性の水準が最も高いのは米国であり、次いでスウェーデン、ベルギー、ドイツとなっている[3]。また労働生産性の平均成長率でいうと、ポーランド3.48％、チェコ2.30％、アメリカ1.62％、スウェーデン1.59％と続く。ポーランドとチェコは、1980年代後半から1990年代前半に社会主義体制から市場経済へ移行したことが労働生産性の急成長につながったと考えられる。一方、労働生産性の平均成長率が低い国は、順にイタリア、スペイン、ベルギーとなる。肝心の日本は、サンプル15カ国のなかでは1995年から2021年まで一貫して水準では11番目と低迷しているが、平均成長率では1.12％と6番目であり意外と健闘している。ただしこれは、デフレの影響が表面化する以前の1995年から2000年初頭の成長率が高かったことに起因しているだけで、近年はやはり低下傾向にある。

　OECDは、各国の雇用保護の強弱を指標化（EPL：Employment Protection Legislation indicator）し、毎年公表している。この指標は、解雇に関連する法律や司法手続、解雇手当金の額、不当解雇の賠償額などを数値化し算出したものであり、0から6ポイントまでで評価され数値が高いほど解雇の規制が厳しいとされる。

---

[2]　本研究で使用した労働生産性は、実質GDPを労働量で除したものなので、資本装備率（資本ストック／労働量）と資本の生産性（実質GDP／資本ストック）の積としても説明できる。そのため資本の装備率や資本の生産性の影響を受ける。また、当該労働生産性はOECD（https://stats.oecd.org/）の"Level of GDP per capital and productivity (per hour worked USD constant price, 2015 PPPs)"から入手した。

[3]　購買力平価は、各国の物価バスケットの違いや非貿易財の存在により、少なくとも短期においては成立していない。したがって、購買力平価を用いた米ドル換算による通貨価値もまた、実際の通貨価値を評価しているとはいえない。しかしながら、国際比較を行う場合、購買力平価を用いた換算しか客観的な方法が存在しない。

図表５－２では、サンプル国の1995年から2019年（現在直近）までのEPL
の時系列推移を示した。この図表によると、サンプル開始時の1995年と比較
して、ポーランド、チェコ、スペイン、イタリア、日本などは解雇規制を緩
和しているが、逆にオーストラリア、ベルギー、オランダは解雇規制を強め
ていることがわかる。また日本に関して、2007年にEPLが0.4ポイント程度
下落しているが、これは労働者の募集や採用にかかわる年齢制限を努力義務
から禁止に変更した「改正雇用対策法」の施行が影響しているものと思われ
る。新卒一括採用および終身雇用で代表される日本型雇用制度は、一般に労
働の流動性が低い印象があるが、OECDによる世界標準の「規制」という観
点からはそれほど厳しいものではなく、2019年でサンプル15カ国中米国、カ
ナダ、英国に次いで４番目に解雇規制が緩い。

　第４章でも議論されているが、日本は他国と比較すると失業率は低いが、

図表５－２　解雇規制指標（EPL）（1995年〜2019年）

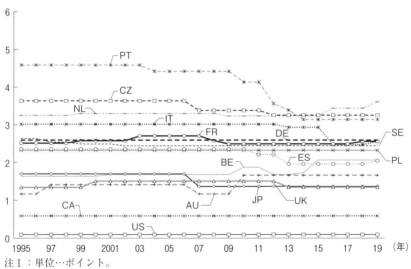

注１：単位…ポイント。
注２：JP…日本、US…米国、UK…英国、CA…カナダ、IT…イタリア、FR…フランス、
　　　DE…ドイツ、SE…スウェーデン、NL…オランダ、BE…ベルギー、CZ…チェコ、PL
　　　…ポーランド、PT…ポルトガル、ES…スペイン、AU…オーストラリア。
出所：OECD（https://stats.oecd.org/）、"Strictness of employment protection – individual
　　　and collective dismissals（regular contracts）"

転職も少なく、労働移動が相対的に硬直的であるとされる。ここでは、労働の流動性を国際比較するために、2020年の平均勤続年数を**図表5 - 3**に表した。これによると、日本の労働者の平均勤続年数は約12年であり、イタリアの労働者のそれに次いでサンプルのなかでは2番目に長いことがわかる。一

図表5 - 3　平均勤続年数と労働の流動性指標

国名	平均勤続年数（単位：年）	労働の流動性指標平均（単位：％）
JP	12.4	0.0551
US	4.2	0.0736
UK	8.6	0.0508
CA		0.1129
IT	13.2	0.0539
FR	11.0	0.0585
SE	8.5	0.0538
DE	10.9	0.0876
NL		0.0462
BE		0.0572
CZ		0.0585
PL		0.0833
PT		0.0549
ES		0.1529
AU		0.0764

注：JP…日本、US…米国、UK…英国、CA…カナダ、IT…イタリア、FR…フランス、
　　DE…ドイツ、SE…スウェーデン、NL…オランダ、BE…ベルギー、CZ…チェコ、PL…
　　ポーランド、PT…ポルトガル、ES…スペイン、AU…オーストラリア。
出所：平均勤続年数は全年齢階層別男女計（常用者）の2020年の値。日本（JP）は厚生労
　　働省（2021）『2020年賃金構造基本統計調査』、米国（US）は労働省（2020）"Em-
　　ployee Tenure in 2020"、その他はOECD（https://stats.oecd.org/、"job tenure（Em-
　　ployment by job tenure interval)"、男女、全年齢）から抽出。労働の流動性指標LL
　　に関しては、各国の1カ月以内の失業者数はOECD（同上、"unemployment by du-
　　ration"、男女、全年齢）、生産年齢人口はILO（https://ilostat.ilo.org/data/、"work-
　　ing age population"、男女、全年齢）から抽出し筆者作成。

方、アメリカの労働者の平均勤続年数は突出して短く、同一企業で4年程度しか勤続していない。平均勤続年数のデータは国によっては入手がむずかしいので、ここでは労働の流動性指標として、前年の失業者数（1カ月以内の失業）と今年の失業者数の増減数（絶対値）を今年の生産年齢人口で除した値（以下、LL指標）を作成し、その平均値（1995年から2019年）を**図表5－3**に示している。このLL指標は、厚生労働省（2022、136頁）などでも使用されており、短期的な失業プールの流出入の増減数が大きいほど労働市場が流動的であると解釈できる。ただし労働者が失業プールに入らずに転職する場合も多いので、労働市場の流動性の完全な代理変数にはならないが、平均勤続年数との相関係数も－0.58となっているので、中長期的な労働市場の流動性のトレンドをある程度とらえているものと考えられる。このLL指標をみると、労働の流動性が最も高い国は順にスペイン、カナダ、ドイツ、低いのはオランダ、英国、スウェーデン、日本は6番目に流動性が低いことがわかる。

　図表5－4は、労働の生産性、EPL、およびLL指標のプーリングデータの相関行列を示している。この図表によると、LL指標とEPLの相関係数は－0.097となり5％有意で負の相関を示し、ここでは正確には因果は不明だが、おそらく解雇規制が強いと雇用が非流動的になると推測される。同様に、労働の生産性とEPL指標の間の相関係数は－0.253となっており、解雇規制が強いと労働の生産性が低くなることが強く示唆される。またLL指標

図表5－4　労働の生産性と流動性指標の相関行列（1995年～2021年）

	労働の生産性	雇用の流動性指標（LL）	解雇規制指標（EPL）
労働の生産性	1		
雇用の流動性指標（LL）	0.076 *	1	
解雇規制指標（EPL）	－ 0.253 ***	－ 0.097 **	1

注：***、**、*はピアソンの相関係数における片側検定でそれぞれ有意水準1％、5％、
　　10％で棄却されたことを示す。

と労働の生産性の指標との相関係数は0.076で10％有意で正の相関を示している。

2 パネルデータ分析

　本節では、労働移動が流動的な経済、あるいは高圧的な経済環境が、労働の生産性に影響を与えるのかを実証分析する。ここでは、サンプル国は前節と同様に15カ国、推計期間はデータの制約により1995年から2021年までの一部データに欠損のあるアンバランスドパネルデータ（n=15、T=21－27）を使用して、まず被説明変数を労働生産性（対数値）とした6つの単回帰モデルを推計する。モデル(1)から(5)は、説明変数をそれぞれ、雇用の流動性指標（LL指標）、解雇規制指標（EPL）、高圧経済の代理変数として考えられるGDPデフレータ（対数値）、GDPギャップおよび完全失業率としたものである[4]。さらにここでは、モデル(6)として、労働者の「質」の代理変数である労働力人口における大学卒業比率（以下大卒比率、単位は％）を説明変数として推計を行っている。この大卒比率はILOから入手され、25歳以上男女で大学卒業者は国際標準教育分類（ISCED）に基づくAdvanced（短期の第三期教育、学士・修士・博士または同等レベルに相当）を抽出している[5]。各変数の記述統計量は**図表5－5**に示した。

　モデル(1)から(6)の符号条件は、雇用あるいは労働が流動的になるほど労働の生産性が上がると予想されるので、LL指標の推計値はプラス、EPLのそれはマイナスが想定される。高圧経済の代理変数であるGDPデフレータ（対数値）とGDPギャップに関しては、両者が上昇すると労働の生産性が上昇す

---

[4]　GDPデフレータはIMF（https://www.imf.org/en/Data）、完全失業率はOECD（https://stats.oecd.org/、"unemployment rate Aged 15 and over, All persons"）から抽出した。

[5]　https://ilostat.ilo.org/data/、"working-age population by sex, age and education"から抽出した。ただし、各国により調査の対象年齢、対象範囲、推計方法が異なる場合や、学校制度の相違があるので単純に各国間を比較するのは困難な場合があるとされている。

図表5-5　使用変数の記述統計量（1995年～2021年）

	労働の生産性 (USドル)	LL指標 (%)	EPL (ポイント)	GDP デフレータ	GDP ギャップ (%)	完全失業率 (%)	大卒比率 (%)
平均	51.490	0.098	2.189	90.521	−0.824	7.771	32.922
標準偏差	12.614	0.279	1.053	13.879	2.148	3.885	14.132
最小値	16.484	0.000	0.093	42.140	−8.950	2.016	1.700
中央値	52.582	0.053	2.357	92.997	−0.621	7.140	32.400
最大値	74.838	4.997	4.583	122.371	4.825	26.094	74.600
歪度	−0.386	14.242	−0.108	−0.397	−0.751	1.847	0.289
尖度	−0.463	241.734	−0.226	−0.433	1.499	4.518	0.209

ると予想されるので推計値もプラス、完全失業率は経済が高圧状態になると低下し、労働の生産性が上昇すると予想されるのでその推計値はマイナスになると考えられる。また大卒比率に関しても、労働者の質が高いほど労働の生産性も上昇すると予想されるので、符号条件はプラスとなる。

　（静学的）パネルデータ分析では、固定効果モデルとランダム効果モデルが一般的に用いられる[6]。図表5-2で確認できるようにEPLは時間を通じた変化は大きくなく、同じ値が数年にわたって続いている。固定効果モデル推計では、各変数の平均からの乖離（within変換）をとった変数を用いて推計を行うため、時間を通じて一定の説明変数の効果を推計できない。そのためEPLを説明変数とする固定効果モデルは望ましくないと考えられるので、モデル(2)はランダム効果モデルを用いることとする。それ以外のモデルはハウスマン検定によってモデルの特定化を行った。その結果、モデル(1)、(3)、(4)、(5)および(6)においてランダム効果モデルが統計的に支持された（カイ二乗検定統計量はそれぞれ、0.010、0.009、0.980、0.004、0.855）。このテスト結

6　固定効果モデルとランダム効果モデルの違いは、Greene（2003）などによると、個体（ここでは国）ごとの異質性をとらえる個別効果と説明変数の間に相関がある場合は固定効果モデル、ない場合はランダム効果モデルで推計したほうが推計パラメータの一致性や有効性の面から望ましいとされる。具体的には、固定効果モデルでは個別効果を未知パラメータとして推計し、ランダム効果モデルでは個別効果を未知パラメータとして推計せず確率変数として推計する。

果は、複数国を対象にしたパネルデータを使用した場合にランダム効果モデルが適当かもしれないとしたGreene（2003、293頁）とも整合的である。また本研究を通してランダム効果モデルの推計には、サンプル国に共通の影響を与える時間効果は考慮しない一般化最小二乗推定法を使用している。

図表5－6はモデル(1)から(6)までの推計結果を示している。この図表によると、GDPギャップを説明変数としたモデル(4)以外は符号条件が満たされていて、モデル(2)、(3)、(5)および(6)は1％有意となっている。つまり解雇規制が緩いほど労働の生産性が高く、また高圧経済であるほど（GDPデフレータが大きくなるほど、あるいは失業率が低下するほど）、あるいは労働人口のうち大学卒業者が多いほど、労働の生産性が高くなることが統計的に強く支持

図表5－6　労働の生産性に関する推計結果

	被説明変数：労働の生産性（時間当り、対数値）					
	モデル(1)	モデル(2)	モデル(3)	モデル(4)	モデル(5)	モデル(6)
切片	3.904 *** (0.069)	4.151 *** (0.079)	1.031 *** (0.017)	3.972 *** (0.050)	4.007 *** (0.073)	3.492 *** (0.070)
LL指標	0.027 * (0.017)					
EPL		−0.117 *** (0.018)				
GDPデフレータ（対数値）			0.640 *** (0.017)			
GDPギャップ				−0.010 *** (0.002)		
完全失業率					−0.013 *** (0.003)	
大卒比率						0.013 *** (0.001)
モデル	ランダム	ランダム	ランダム	ランダム	ランダム	ランダム
sigma_u	0.276	0.264	0.265	0.179	0.267	0.249
sigma_e	0.125	0.113	0.065	0.086	0.116	0.079
カイ二乗統計量	2.726 ***	41.100 **	1450.02 ***	23.494 ***	17.372 ***	307.225 ***
観察値数	390	375	405	350	405	405

注：括弧内は国によってクラスター化した頑健標準誤差、sigma_u、sigma_eはそれぞれ
　　固有効果と特異効果の標準偏差、***、**、*はそれぞれ有意水準1％、5％、10%を示す。

されている[7]。

　モデル(1)は、統計的有意性はやや弱いが、雇用の流動性が高い経済では労働の生産性も高い可能性を示唆している。モデル(1)の統計的有意性が弱い理由は、LL指標に内在する欠点と失業率が歴史的に高いスペインのデータに依拠していると考えられる。LL指標は、上述のように、1カ月以内の短期的な失業プールの流出入数（の生産年齢人口比率）が大きいほど労働市場が流動的であると解釈されるが、失業を経ずに転職する労働者数をとらえることができないため、実際の流動性を過小評価している可能性がある。またスペインは、図表5－1および図表5－3から確認できるように、労働の生産性はサンプル開始時点の1995年から2007年あたりまでほとんど成長していないが、雇用の流動性（の平均）は非常に高く、失業率に関しても全サンプルのプーリング平均は7.88％であり、スペインのサンプル平均は17％と他国に比べると突出して高い。つまりスペインの労働市場構造が他のサンプル国とは大きく異なり、ここで使用したランダム効果モデルの個別効果だけではその異質性をとらえきれていない可能性がある。Dolado et al.（2021）によると、スペインの労働市場は、他のEU諸国と比較して非正規雇用の比率が極端に高く、非正規雇用の雇用契約が柔軟で容易に解除できるため、雇用の流動性とともに失業率が高いことを指摘している。このためサンプルからスペインを除いて推計すると、モデル(1)の推計値は0.033となり5％有意となる。

　モデル(4)が符号条件を満たさない理由として考えられるのは、潜在GDPの推計に関する問題である。GDPギャップは実際のGDPと潜在GDPの差として定義されるが、潜在GDPの推計にはさまざまな方法があり、どの方法が正しいという決まった答えがない。つまりGDPギャップは理論的な概念

7　DeFreitas and Marshall（1998）は、アジアおよびラテンアメリカの20カ国を対象に1980年代の製造業における労働生産性について計量分析を行っている。そこでは、（他の要因が同じである場合）労働力の余剰が比較的大きい国で労働の生産性の成長率が著しく高いことを示していて、本研究結果とは一見するとまったく逆の結論となっているようにみえる。しかしDeFreitas and Marshall（1998）のサンプルは、後進国の一産業だけを対象としているため、生産性の低い農業などの部門から生産性の高い工業への労働移動、いわゆるルイス・モデルを暗黙のうちに想定した分析になっている。そのため、本研究結果とDeFreitas and Marshall（1998）の結果が一致しないと考えられる。

としては重要であるが、その「真の値」はだれにもわからない。そのため、本章で使用したGDPギャップが「真の値」ではない可能性がある。また第1章で議論されているように、高圧経済とは超過需要の状態が一定期間持続した経済であると解釈され、言い換えればプラスのGDPギャップが一定期間継続した状態とされる[8]。そして、その状態で顕在化するのが物価の上昇や失業率の低下であると考えられる。つまり、高圧経済の代理変数としては、単年のGDPギャップよりも物価や完全失業率のほうが適切であるといえるのかもしれない。

　本章では上記の推計結果をもとに、モデル(7)として高圧経済（GDPデフレータが上昇）になると雇用が流動化するか、モデル(8)として解雇規制が緩くなると雇用が流動化するか、モデル(9)として完全失業率が低下すると雇用が流動化するかの推計を行った。なおここでは、上述したように、スペインの労働市場の構造に異質性があることを考慮して、スペインを含めた15カ国とスペインを除いた14カ国の2つのサンプルで推計を行っている。またモデル(8)は時間を通じて変化の少ないEPLを説明変数とするためランダム効果モデルを用いて推計を行い、モデル(7)と(9)についてはハウスマン検定によってモデル選択を行った。カイ二乗検定統計量はモデル(7)がスペインを含む15カ国の場合0.103、スペインを除く14カ国の場合0.595、モデル(9)がスペインを含む15カ国の場合0.065、スペインを除く14カ国の場合1.123となり、すべてのモデルでランダム効果モデルが選択された。

　推計結果は図表5－7にあるとおりであり、モデル(7)から(9)において、スペインを含む場合と除く場合を比較すると符号はすべて同じであるが、スペインを除いたサンプルのほうが、モデル(1)と同様に、有意な結果が得られている。ここではスペインを除いたサンプルの推計結果で評価を行うとすると、モデル(7)は有意水準5％で経済が高圧状態にある（GDPデフレータが上昇する）とき雇用の流動性が高くなり、またモデル(8)より、有意水準5％で解雇規制が緩和されると雇用が流動化することが示唆された。しかしながら

8　ここでは報告されていないが、GDPギャップの1年ラグ、2年ラグ、蓄積GDPギャップも符号条件を満たしていない。

図表5－7 雇用の流動性に関する推計結果

	被説明変数：LL指標					
	（スペイン含む15カ国）			（スペイン除く14カ国）		
	モデル(7)	モデル(8)	モデル(9)	モデル(7)	モデル(8)	モデル(9)
切片	−0.494 (0.293)	0.086 *** (0.015)	0.075 *** (0.019)	−0.663 ** (0.306)	0.085 *** (0.011)	0.081 *** (0.022)
LL指標						
EPL		−0.007 (0.006)			−0.009 ** (0.004)	
GDPデフレータ （対数値）	0.125 * (0.066)			0.169 ** (0.069)		
完全失業率			0.003 (0.002)			0.002 (0.004)
モデル	ランダム	ランダム	ランダム	ランダム	ランダム	ランダム
sigma_u	0.017	0.023	0.000	0.015	0.009	0.000
sigma_e	0.278	0.081	0.279	0.284	0.068	0.285
カイ二乗統計量	3.639 *	1.356	1.620	6.071 **	4.892 **	0.230
観察値数	390	364	390	363	339	363

注：括弧内は国によってクラスター化した頑健標準誤差、sigma_u、sigma_eはそれぞれ
　　固有効果と特異効果の標準偏差、***、**、*はそれぞれ有意水準 1 ％、 5 ％、10％を示す。
出所：筆者作成。

モデル(9)は、有意ではないものの想定した符号条件とは異なり、完全失業率
が上昇すると雇用の流動化が進むことが示唆された。ただしモデル(9)の結果
は、構造的に労働市場の流動性が高いかどうかとは別に、景気後退期など失
業が増加する局面でも失業プールの流出入は増加すると予想されるので、符
号条件を満たさず有意でないという結果は案外整合的な結果かもしれない[9]。

　本研究ではモデル(1)から(9)までの推計結果を、**図表5－8**のようにパス図
にまとめている。モデル(1)から(9)はすべて単純回帰分析の結果なので、この
パス図にある推計値は、過大に推計されている可能性があるため参考として
記載している。高圧経済の代理変数であるGDPデフレータの上昇と完全失
業率の低下は有意に労働生産性を上昇させ、また解雇規制を緩和することで

9　モデル(9)はスペインを含む15カ国であってもスペインを除く14カ国であっても、固有
　効果の標準偏差が非常に小さいため、固有効果が小さい可能性がある。

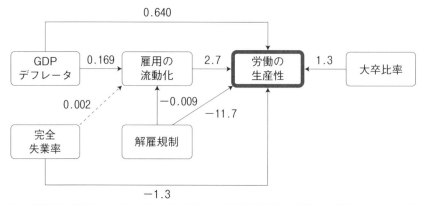

図表 5 - 8　高圧経済と労働の生産性のパス図

注：推計値の単位はパーセンテージ、矢印の向きは因果関係、実線は統計的に有意、点線
　　は有意でないことを示す。
出所：筆者作成。

も有意に労働の生産性を上昇させる。さらに労働の質を表す大卒比率が高く
なると労働の生産性が上昇することも示されている。労働の流動性を表す
LL指標を変数として推計に使用すると、スペインを除くサンプルでは、解
雇規制の緩和、またはGDPデフレータが上昇した場合に、有意に労働の流
動性が高くなり、労働の流動性が高くなると労働の生産性が上昇することが
本研究から示唆された。

3　結　　語

　本研究では、OECD諸国を中心とした15カ国を対象に1995年から2021年ま
でのパネルデータをもとに実証分析を行った。その結果、労働の生産性をあ
げるためには、高圧経済にすること、労働移動を促進すること、および労働
者の質的向上のための人的資本投資が必要であることが明らかとなった。ま
た労働の流動性は、解雇規制の緩和やGDPデフレータの上昇によって促進
されることも本研究で示された。

　2021年時点で日本の労働の生産性は、サンプルのOECD諸国15カ国中12位

と低迷している。低い労働の生産性の原因をめぐってさまざまな研究が行われているが、その1つが労働移動の硬直性である。本研究で作成した雇用の流動性指標（LL）や平均勤続年数をみても、日本の労働市場は相対的に硬直的であるといえるだろう。しかしながらEPLからみると解雇規制はサンプルの15カ国のなかでは12位であり比較的緩い。すなわち解雇規制が主因となって日本の労働移動が小さいわけではなく、終身雇用制度と新卒一括採用を特徴とする日本型雇用慣行システムやデフレなどの要因で、円滑な労働移動が阻害されると推測できる。また日本の労働者の大卒比率は、サンプルのなかでは平均で15カ国中3番目に高く、労働者の質が日本の労働生産性の低さを説明するとは考えられない。つまり**図表5−8**とあわせて考えると、日本の労働生産性の低さはGDPデフレータでかなりの部分を説明できる。日本以外のサンプル国の年平均インフレ率は1.2％（ドイツ）から3.8％（ポーランド）の間にあるが、日本は−0.04％となっており著しく低いことが証左である。

　現在、日本の低い労働生産性や労働移動の硬直性に対する処方箋として、解雇規制の緩和や日本型雇用慣行システムからの転換など労働市場の改革に注目が集まる傾向がある。しかしながら、労働市場改革のほかに、マクロ経済環境の高圧化すなわち物価の上昇を通じても、労働の生産性が向上することにもっと注意を払うべきである。2013年1月、当時の安倍晋三政権下で公表された政府と日本銀行の共同声明で明記された物価目標2％は、労働生産性の向上といった観点からもその政策的意義はいまだ重要であるといえよう。

〈参考文献〉
厚生労働省（2022）『令和4年版労働経済の分析』厚生労働省
Autor, D., Donohue, J., and Schwab, S.J.（2006）"The costs of wrongful-discharge laws," *Review of Economics and Statistics* 88（2）, pp. 211–231.
Autor, D., Kerr, W., and Kugler, A.（2007）"Does employment protection reduce productivity? Evidence from US states," *Economic Journal* 117, pp. F189–F117.
Bassanini, A., Nunziata, L., and Venn, D.（2009）"Job protection legislation and

productivity growth in OECD countries," *Economic Policy* 24 (58), pp. 349-402.

DeFreitas, G., and Marshall, A. (1998) "Labour surplus, worker rights and productivity growth: A comparative analysis of asia and latin america," *Labour* 12 (3), pp.515-539.

Dolado, Juan J., Felgueroso, F., and Jimeno, Juan F. (2021) "Past, present and future of the Spanish labour market: when the pandemic meets the megatrends," *Applied Economic Analysis* 29 (85), pp.21-41.

Greene, W. (2003) *Econometric analysis,* fifth edition, Englewood Cliffs: Prentice Hall.

Okudaira, H., Takizawa, M., and K. Tsuru (2013) "Employment protection and productivity: evidence from firm-level panel data in Japan," *Applied Economics* 45 (15), pp.2091-2105.

Riphahn, R.T. (2004) "Employment protection and effort among german employees," *Economics Letters* 85 (3), pp. 353-357.

第 6 章

設備投資と高圧経済

一般社団法人日本経済団体連合会　主事

鈴木　章弘

本章では、高圧経済が企業の投資行動に及ぼす影響についてみていく。

結論としては、高圧経済は、企業の設備投資（能力増強投資と省力化投資）を促し、資本蓄積の拡大を通じて生産性を向上させる（高圧経済が生産性を向上させる他の経路は第4章、第5章、第7章を参照）。したがって、高圧経済の環境を適切に維持し続け、企業の設備投資を促し続けることが、マクロ経済運営上、きわめて重要である。

1　基本的な整理と議論の前提

最初に、高圧経済が企業の投資行動にどのような変化をもたらすかの想定について整理する。

まず、高圧経済においては、マクロ的に需要が供給を上回り、人手不足が継続しているため、賃金上昇圧力がかかり続けているという経済環境が形成されている。企業においては、マクロ的な需要超過に対し、利潤拡大のチャンス到来ととらえ、財・サービスの生産量を拡大しようとするため、そのために必要な能力増強投資の拡大を図ると考えられる。また、人手不足と賃金上昇圧力があるなかでは、企業は人件費高騰による利潤圧縮の影響を軽減するべく、省力化投資によって、労働から資本への代替を進めようとすると考えられる。こうした企業の投資行動について、日本の状況を中心に、本章第2節でみていく。

また、理論的には、資本蓄積による資本装備率の上昇は、資本そのものとともに新しい資本に体化された技術によって生産性を向上させる（Solow(1956)）。そこで、資本蓄積が生産性に及ぼす効果について、本章第3節でみていく。

2　高圧経済と設備投資

ここでは、高圧経済と設備投資の関係をみていく。まず、高圧経済のもとでは、超過需要が生じているため、需給ギャップはプラスとなっていると考

えられる。

　図表6－1は、需給ギャップと実質固定資本ストックの伸びの推移を示したものである。なお、ここでの需給ギャップは、日本銀行の四半期ごとの推計値の年度平均をとっており、実質固定資本ストックは各年度末の数字を用いている。

　まず、1990年度に、需給ギャップがピークの＋4.6％となっているが、この時の日本はバブル経済にあり、景気が過熱していた。内閣府の景気基準日付によれば、1986年11月から1991年2月まで景気は回復（拡張）局面にあり、実質固定資本ストックも前年度比＋5％を超える高い伸びとなっていた。

　しかし、その後はバブル崩壊により、急激な景気悪化に直面し、1993年から1995年度は、需給ギャップがマイナスの需要不足となっていた。投資活動も低迷し、資本ストックの伸びは、1994年度には同＋2.2％まで低下した。

　その後、1996年度から1997年度の途中までは景気回復を続け、資本ストックの伸びも回復した。しかし、1997年11月以降の大手金融機関の相次ぐ破綻

図表6－1　需給ギャップと実質固定資本ストックの推移

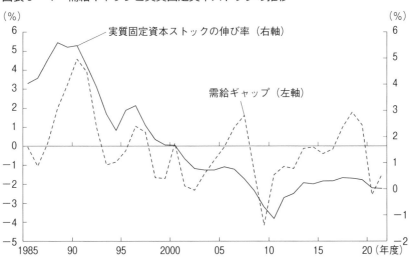

注：需給ギャップは年度の平均値、実質固定資本ストックは年度末の値。
出所：内閣府「固定資本ストック速報」、日本銀行「需給ギャップと潜在成長率」

をきっかけに、深刻な不況に陥ることとなった。この頃、雇用、設備、債務の「３つの過剰」があるとの指摘がなされた（経済企画庁（1999）第２章第６節）。雇用と設備の両方が過剰になるというのは、需要が著しく不足している状況であり、需要超過と真逆の状況が生じていたと考えられる。実際に1998年度から1999年度の需給ギャップは再びマイナスに陥り、ほぼゼロの2000年度を挟んで2005年度までマイナスが続いた。2002年１月から2008年２月までは「いざなみ景気」と呼ばれ、戦後最長の景気の回復（拡張）局面とされるが、そのなかにあっても、需要が弱い状況が長らく続いてきたのである。

　こうした需要不足、つまり低圧経済の状態が長く続くなかで、実質固定資本ストックの伸びもますます弱くなった。1996年度に前年度比＋3.2％まで伸びが回復していたが、そこをピークに下がり続け、「いざなみ景気」のなかにあっても、前年度比で＋１％を上回ることはなかった。

　そして、その後の2008年度以降、リーマンショックにより、景気は急速に悪化し、深刻な需要不足に直面した。資本ストックの伸びは、データが公表されている1980年度以来、初めてマイナスに陥り、さらにそのマイナスは2012年度まで続いた。

　2013年度以降は、アベノミクス期に当たり、2012年11月から2018年10月まで、長期にわたり景気回復（拡大）局面にあった。しかし、需給ギャップがプラスとなったのは、2017年度から2019年度のみである。そのため、資本ストックの伸びも前年度比＋１％を上回ることはなかった。

　ここまでの推移をみると、たしかに「いざなみ景気」の後半やアベノミクスの後半では、需給ギャップはプラスとなっているが、そこに至るまでの間、景気低迷が続いていたため、資本ストックの伸びを再加速させるまでには至っていない。つまり、不況とその後の低圧経済の状態が長く続いてしまうと、資本ストックの蓄積を再び進めるのは容易ではないと考えられる。投資を喚起し、資本蓄積の再加速を実現するためには、高圧経済の形成と維持を行わなければならないといえるだろう。

(1) 省力化投資の動向

　ここでは、本章第１節で整理した省力化投資についてみていく。**図表６－2**のとおり、製造業の設備投資の動機において、合理化・省力化の割合が1970年代後半は25％程度あった。当時は、第１次オイルショックの影響が残り、物価・賃金上昇圧力も強かったため、その影響緩和のための投資動機が大きかったと考えられる。その後も1980年に第２次オイルショックが生じるなど、賃金上昇圧力が強く、投資動機として、合理化・省力化が比較的高い水準にあったと考えられる。

　1985年９月のいわゆるプラザ合意以降、急速な円高の進展や原油価格の下落等により、物価は安定的に推移し、賃金上昇圧力も弱まった。この結果、合理化・省力化のインセンティブが弱まり、1988年には18.5％と初めて20％を下回ったと考えられる。ただ、バブル崩壊以後も製造業や経済全体での賃金上昇は続いたため、1990年代中頃までは18％前後で推移していた。

　しかし、金融危機の翌年度の1998年度に前年度比－1.0％、1999年度に同－2.4％と、２年連続の減少となり、その後も低迷を続けることとなる。こ

図表６－２　製造業における投資動機の割合と１人当り人件費の推移

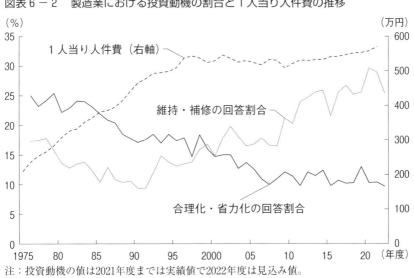

注：投資動機の値は2021年度までは実績値で2022年度は見込み値。
出所：日本政策投資銀行「設備投資計画調査」、財務省「法人企業統計」

れを受け、投資動機の合理化・省力化の割合も低下に向かい、2007年度には10.0%まで低下し、その後も低位で推移している。アベノミクス期においても、合理化・省力化の回答割合は低位で推移しており、1人当り人件費も伸びが弱い。

　このように投資動機の合理化・省力化の割合が長期的に低下トレンドにある一方で、1990年代以降、維持・補修の割合が上昇を続けている。経済が長きにわたり停滞し、賃金も上昇しないなかにあって、現状維持程度の投資しかされてこなかったと考えられる。

(2)　企業の設備投資インセンティブ

　上述のとおり、省力化投資については、長期的に低下しており、特に1990年代後半以降、大きく落ち込むこととなった。ただ、日本企業のグローバル展開の動向をみる限り、能力増強投資のほうが、設備投資インセンティブとして重要視されていると考えられる。国際協力銀行の「わが国製造業企業の海外事業展開に関する調査報告」の2022年度調査では、有望事業展開先国の得票率の順位は1位がインド（得票率40.3%）、2位が中国（同37.1%）、3位が米国（同32.2%）となっているが、図表6-3のとおり、それぞれの国の有望理由として、「現地マーケットの今後の成長性」や「現地マーケットの現状規模」の回答割合が高くなっている。

　高圧経済のもとでは、マクロ的に需要が供給を上回っているが、こうしたマクロ経済環境のもとでは、マーケットも拡大傾向にあり、それに対応して国内外の投資も呼び込めるようになる。図表6-3のとおり、マーケットの規模や成長性がさらに重要視されるようになってきた昨今、国内投資の拡大に向けては、高圧経済の形成がますます求められるようになってきている。

(3)　日本企業の貯蓄超過と海外投資の拡大

　上述のとおり、日本では、長らく高圧経済の形成にまでは至っておらず、企業の設備投資は低迷している。その結果、図表6-4のとおり、1990年代後半以降、日本の非金融法人企業の資金過不足はプラス、つまり貯蓄超過が

図表 6 - 3　インド、中国、米国の投資先としての有望理由得票率の推移

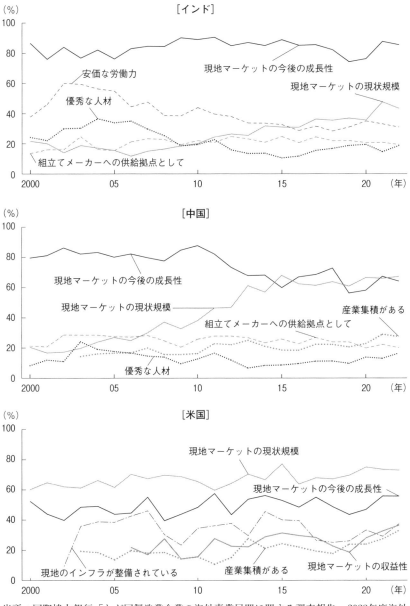

［インド］

安価な労働力

優秀な人材

現地マーケットの今後の成長性

現地マーケットの現状規模

組立てメーカーへの供給拠点として

［中国］

現地マーケットの今後の成長性

現地マーケットの現状規模

組立てメーカーへの供給拠点として

産業集積がある

優秀な人材

［米国］

現地マーケットの現状規模

現地マーケットの今後の成長性

現地のインフラが整備されている

産業集積がある

現地マーケットの収益性

出所：国際協力銀行「わが国製造業企業の海外事業展開に関する調査報告―2022年度海外
　　　直接投資アンケート結果（第34回）―」

図表6−4 G7諸国の非金融法人企業の資金過不足の対GDP比の推移

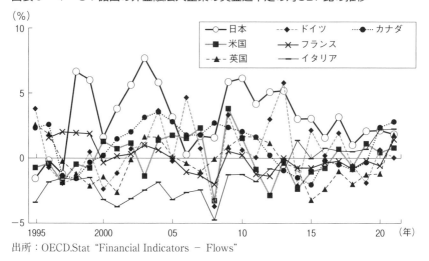

出所：OECD.Stat "Financial Indicators − Flows"

続いてきた。他のG7諸国と比べても、高い水準で推移していることがわかる。日本における設備投資が低調であったことが、企業の貯蓄超過傾向として反映されているのである。

　こうした日本企業の貯蓄超過傾向に対し、「日本企業は投資をしていない」との指摘がある。たとえば、内閣府（2022）第3章第1節では「我が国企業部門の貯蓄超過傾向に明らかなように、慎重な設備投資スタンスが続いている」や「他の先進国との比較で我が国企業の投資が低水準で推移していることは、次に述べる無借金経営に代表される保守的な経営にもみられるように、我が国においてアニマルスピリッツが十分に発揮されていないことを示唆している」といった指摘がなされている。

　しかしながら、日本企業が資金過不足のうえでは貯蓄超過であるといっても、海外に対しては積極的に投資を行ってきた点には留意が必要である。

　図表6−5はG7諸国の対外直接投資残高を示したものである。日本の対外直接投資残高は、1990年代を通じて、米英仏独などの伝統的な海外投資国に比べて低いレベルにあったが、2000年代初めから急速に伸ばしてきた。2000年から2021年の間で、日本は7.1倍で、カナダの5.2倍、ドイツの4.4

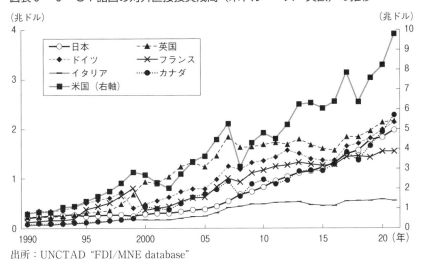

図表6－5　G7諸国の対外直接投資残高（米ドルベース・実額）の推移

（兆ドル）

凡例：
- 日本
- ドイツ
- イタリア
- 米国（右軸）
- 英国
- フランス
- カナダ

（兆ドル）

出所：UNCTAD "FDI/MNE database"

倍、フランスの4.2倍、米国の3.6倍を大きく上回っている。日本企業の国内での投資は停滞していたが、成長を続ける海外に活路を見出し、積極的に投資を行ってきたのである。その意味で、アニマルスピリッツは日本ではなく、海外で発揮されてきたといえる。

　この対外直接投資の残高は、投資をする側の企業にとっては金融資産に当たる。そのため、手持ちの現預金を使った場合は、金融資産のポートフォリオが変わるだけで、金融資産の総額に変化はない。また、借入れによって得た資金を使った場合は、負債とほぼ同額の対外直接投資が増える。したがって、いずれの場合も、金融資産の増減と負債の増減の差である資金過不足は大きく変動することはないのである。むしろ、現地で獲得した利益を再投資すれば、負債を増やすことなく、金融資産である対外直接投資残高が増えるため、資金過不足はプラスの貯蓄超過方向に動いてしまう。したがって、単に日本企業の資金過不足が貯蓄超過であるからといって、グローバルでみたときに企業が投資をしていないとは、必ずしもいえないのである。

⑷ 需給ギャップと資本蓄積に関する国際比較

　最後に、高圧経済によってもたらされる需要超過と資本蓄積の関係をみていく。本章第1節で述べたとおり、高圧経済のもとでは、マクロ的に需要が供給を超過し、それに応じて能力増強投資の増加が生じると考えられる。そこで、中長期の需給ギャップと資本蓄積の関係をみたのが**図表6-6**である。横軸はIMFの需給ギャップの推計値であり、2000年から2009年の平均値と2010年から2019年の平均値を用いた。それに対応する縦軸として、実質純固定資本ストックの2000年から2009年、2010年から2019年の伸びを置いた。資本ストックは、毎年の積み重ねであるので、期間平均ではなく、二時点間の比較としている。

　結果として、両者の間には一定の正の相関関係がみられ、2010年から2019年平均の需給ギャップのマイナスが突出しているギリシャを除いた場合でも

図表6-6　OECD加盟国の需給ギャップと実質純固定資本ストックの伸びの関係

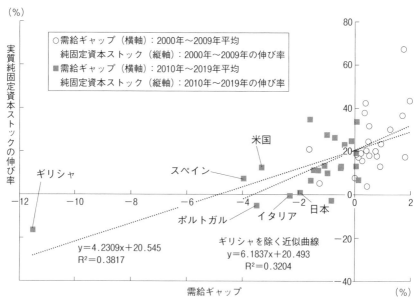

注：サンプル数は28カ国。
出所：OECD.Stat "Fixed assets by activity and by asset, ISIC Rev. 4"、IMF "World Economic Outlook Database"

同様である。つまり、世界的にみても、高圧経済が維持されているなど、需給ギャップがプラスの国のほうが、資本蓄積が進んでいるのである。

　個別にみていくと、特に欧州債務危機が大きく影響した時期（**図表6－6**中の■）において、ギリシャ、イタリア、スペイン、ポルトガルの需給ギャップは大きなマイナスとなっている。資本ストックの伸びについても、スペインを除けばかなり低い傾向にあった。米国についても需給ギャップのマイナスは大きかったが、成長力の高さからか、資本ストックの伸びはあまり悪くはない。逆に日本については、この間、アベノミクスの期間が含まれているものの、需給ギャップのマイナスが比較的大きく、資本ストックの伸びも弱かった。

　このように、低圧経済においては、資本蓄積は伸びが弱まるどころか、マイナスにすらなりうるのである。

3　資本蓄積と生産性

　ここでは、本章第1節で整理した資本蓄積が生産性に及ぼす効果について、諸外国のデータも用いてみていく。

　図表6－7は、G7諸国と韓国の労働生産性と資本装備率の推移をみたものである。G7諸国の労働生産性は、労働時間当り実質GDPの2015年基準PPP換算のものであり、資本装備率は、自国通貨建ての実質純固定資本ストックを総労働時間で割り、さらに2015年基準PPP換算したものである。韓国のみ、それぞれ自国通貨建ての名目値を用いて計算した。また、資本装備率のデータの得られた期間は国によって異なり、米国、カナダ、韓国は1970年から、日本とフランスは1980年から、英国、ドイツ、イタリアは1995年からとなっている。なお、縦軸については、韓国を除いてスケールをそろえている。

　まず、米国、英国、ドイツ、カナダ、韓国については、資本装備率と労働生産性が、おおむね同じように推移していることがわかる。労働生産性が向上するなかにあっては、基本的にマクロ経済環境は良好であり、経済も成長

図表6－7　資本装備率と労働生産性の推移

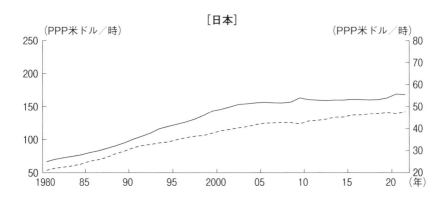

[日本]

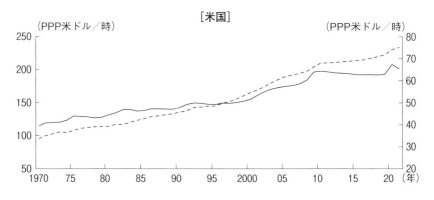

[米国]

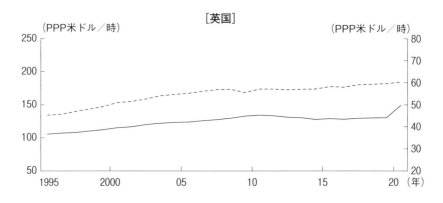

[英国]

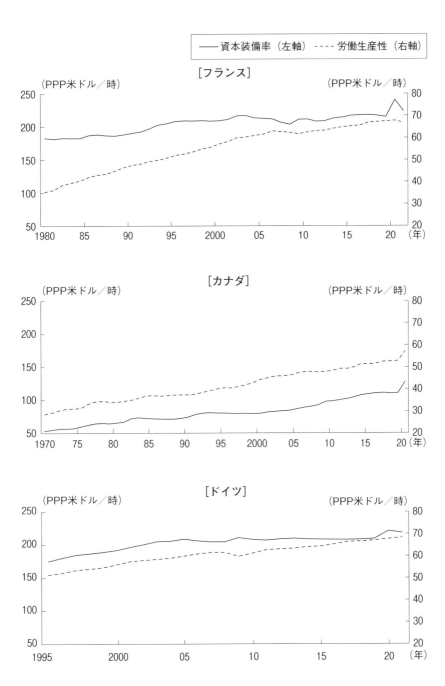

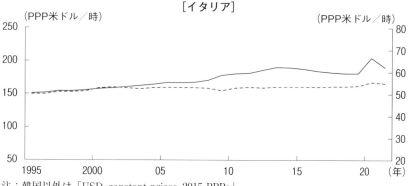

[イタリア]

注：韓国以外は「USD, constant prices, 2015 PPPs」。
出所：OECD.Stat "Fixed assets by activity and by asset, ISIC Rev. 4"、"Level of GDP per

している。それに応じて、企業は設備投資を行い、資本蓄積も進む。そし
て、蓄積された資本によって資本装備率が高まり、生産性も向上するという
よい循環が生まれていると考えられる。

　日本についても、1990年代中頃までは、資本装備率と労働生産性は、同じ
ように高まっていた。高度経済成長期を終えたオイルショック以後でも、実
質経済成長率は＋4％ほどあり、わが国経済は基本的に力強い成長トレンド
にあった。その結果、投資と成長の好循環が続いていたと考えられる。

　しかし、1990年代後半を境に資本装備率のトレンドが大きく変わり、停滞
が続くこととなった。生産性についても、伸びが長期にわたって低下してい
たが、アベノミクス期に入り、やや伸びが回復したが、水準は他のG7諸国
に見劣りしている。ここからさらに生産性を高めていくためには、低迷の続
く資本装備率を高めることが不可欠であろう。

　米国と英国については、リーマンショックのあった2008年とそれに続く
2009年に一度上昇した後、その後は停滞している。不況期において資本装備
率の分母である総労働時間が減少する一方、分子の資本ストックはすぐには
減少しないため、一度は上昇する。そして、それ以後も設備投資の低迷が続
くと、資本蓄積が進まず、資本装備率は継続して低迷してしまうことにな
る。そして、リーマンショック後の資本蓄積の低迷により、2010年代の労働
生産性の伸びは、リーマンショック以前のトレンドよりも低下している。こ

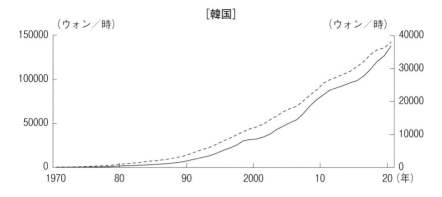

[韓国]

（ウォン／時）　　　　　　　　　　　　　　　（ウォン／時）

capita and productivity"

　れは資本装備率が低下したことで、中長期の生産性に影響を及ぼしていると考えられる。

　カナダと韓国については、比較的安定的に資本蓄積と労働生産性の向上が続いてきた。韓国については、名目値を用いている点に留意が必要だが、1990年代後半のアジア通貨危機と2008年のリーマンショック時において、一時的な資本装備率の停滞がみられたものの、その後は成長軌道に復している。

　ドイツについては、2000年代初頭までは、資本装備率と生産性が同じように上昇してきたが、2000年代前半頃から停滞している。この時、1990年の東西ドイツ統一以降の建設ブームの反動があったほか、東西経済格差に伴う公的負担の増加、中東欧諸国のEU加盟に伴う国際競争の激化といった要因により、低成長に陥り、「欧州の病人」とも呼ばれていた（伊藤（2014））。リーマンショック以後、資本装備率の伸びはやや弱いが、生産性は再び上昇し始めている。単一通貨ユーロによって、ドイツは貿易・経常収支黒字を拡大させてきたとの指摘があり（大木（2017））、貿易黒字の拡大が生産性の分子であるGDPを押し上げたと考えられる。

　フランスについては、資本装備率はあまり上昇していないが、労働生産性は上昇している。資本装備率の伸びの弱さの背景は定かではないが、データをみると、フランスの建築物の実質化に用いられるデフレータの上昇が大き

かった。2015年を100としたとき、建築物のデフレータの1980年の値は、フランスが19.1である一方、日本が76.3、米国が31.6、カナダが32.5となっている。実質値は、名目値をデフレータで割って算出するため、デフレータが小さいほうが、実質値が大きくなる。実際に、1980年代のフランスの資本装備率の値は、データのある日本、米国、カナダと比べて突出して高くなっている。

　最後に、イタリアの資本装備率は、リーマンショック時に落ち込み、その後若干持ち直したが、2010年の欧州債務危機とそれに続く景気後退に直面し、低迷することとなった。労働生産性については、2010年代前半までの資本蓄積の効果が発現していないが、この原因として、欧州債務危機を端緒とする低圧経済の長期化が大きな要因として考えられる。なお、イタリアの労働生産性については、リーマンショック以前から低迷しているようにみえるが、この頃生産性の分母の総労働時間の上昇が大きく、2000年から2005年の間でイタリアが＋4.2％と、同じユーロ圏のフランスの＋1.1％、ドイツの－3.9％より高い伸びとなっていた。背景として移民の急増が考えられ、国連の「International Migrant Stock 2020」によれば、イタリアの移民数は2000年から2005年で＋86.4％である一方、フランスとドイツは、それぞれ＋7.3％、＋4.6％であった。このように急増した移民のほとんどは低スキル・低賃金労働者であったため、生産性向上にはあまり寄与しなかったとの指摘がある（Bratti and Conti（2018））。他方で、資本装備率については、急増する人口に対応する必要から、住居や各種インフラの整備が進んだことにより、上昇した可能性がある。なお、イタリアの実質純固定資産の内訳は、住居46％から49％、その他の建築物等35％から37％、機械等12％から13％、その他（含む知財）３％から５％で推移している。

資本蓄積と生産性の関係の国際比較

　最後に、データの得られるOECD加盟国の29カ国に対象を広げて、資本蓄積と生産性の関係についてみていく。

　図表６－８は、横軸をPPP換算の資本装備率（実質純固定資産÷総労働時

図表 6 － 8　OECD加盟国の資本装備率と労働生産性の関係

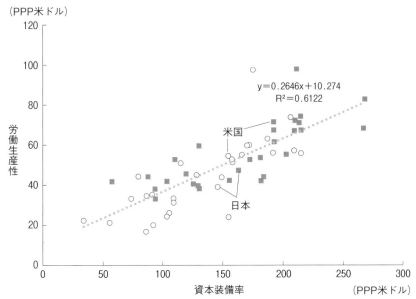

（PPP米ドル）

注：サンプル数は29カ国。
出所：OECD.Stat "Fixed assets by activity and by asset, ISIC Rev. 4"、"Level of GDP per capita and productivity"

間）、縦軸をPPP換算の労働生産性（実質GDP÷総労働時間）とし、2000年と2019年の二時点でプロットしたものである。

　結果としては、正の相関関係がみられた。資本蓄積が進んでいる国のほうが、生産性も高い傾向にある。したがって、生産性を高めるうえで、資本蓄積はきわめて重要といえる。そして、資本蓄積を促すためには、本章第2節で論じたように、高圧経済の維持が求められるのである。

4 結　語

　本章では、高圧経済が、企業の設備投資に与える影響と、その投資による効果をみてきた。高圧経済のもとでは、企業の能力増強投資と省力化投資が拡大し、生産性も向上する。したがって、高圧経済の環境を適切に維持し続

け、企業投資を促し続けることが、マクロ経済運営上、きわめて重要であるといえる。

　他方、過去の日本の状況は、高圧経済までには至っておらず、結果として、設備投資は低調となり、長らく成長力が乏しかった。日本企業は国内での投資を減らした一方、海外に活路を見出し、積極的に対外投資を行ってきた。

　日本経済の活性化には、設備投資を着実に増加させていくことが不可欠である。政策的に高圧経済のマクロ経済環境をつくりあげることを通じて、企業が国内で投資を行うことが、経済合理性にかなうようにすることが肝要である。

〈参考文献〉

伊藤さゆり（2014）「一人勝ちのドイツ　強さの秘密、勝者の悩み」『基礎研マンスリー2014年1月』株式会社ニッセイ基礎研究所

大木博巳（2017）「ドイツの貿易黒字とEUジレンマ〜EUの成長地域は"黄金のライン"から"青きドナウ"へ〜」『国際貿易と投資No.109』一般財団法人国際貿易投資研究所

経済企画庁（1999）「平成11年度年次経済報告（経済白書）」第2章第6節（https://www5.cao.go.jp/j-j/wp/wp-je99/wp-je99-000i1.html）

財務省（2022）「令和5年度予算の編成等に関する建議」（https://www.mof.go.jp/about_mof/councils/fiscal_system_council/sub-of_fiscal_system/report/zaiseia20221129/01.pdf）

内閣府（2022）「令和4年度年次経済財政報告」第3章第1節（https://www5.cao.go.jp/j-j/wp/wp-je22/22.html）

Bratti, Massimiliano and Conti, Chiara（2018）"The effect of immigration on innovation in Italy," *Regional Studies Volume52, 2018.*

Solow, R. M.（1956）"A contribution to the theory of economic growth," *The quarterly journal of economics, Volume17, 1956.*

第 7 章

高圧経済によって
R&D投資増加・生産性向上
創造的合併も

大和証券株式会社　常務理事

木野内　栄治

本章では、高圧経済こそが、R&D投資を促し、全要素生産性（TFP）の向上やプロダクトおよびプロセスのイノベーションにつながり、経済を前進させると指摘する。

第1節で先行研究を概観する。まず、不況時にこそイノベーションが推進されるというシュムペーター的な考えは、現在、主流ではないことを確認する。つぎに、1980年代に比べ1990年代の日本ではTFPが高い製造業でTFP低下が顕著であることを確認する。

問題意識としては、1990年代の不況がR&D投資の余裕を奪い、日本のTFP低下が発生したと考えられるので、逆に、好況ならR&D投資が増え、TFPが向上すると考えられる。

そこで、第2節で製造業を念頭に、好況時にR&D投資は増加する関係を確認する。

第3節では、R&D投資はTFPに強く影響することを指摘する。高圧経済はR&D投資を誘発し、R&D投資の増大はTFPを上昇させる。特に、TFPの上昇率が高い産業では重要で、電機産業は低圧経済時に凋落し、高圧経済国にとってかわられた歴史を確認する。

以上で、高圧経済こそが、R&D投資を促し、TFPの向上やプロダクトおよびプロセスのイノベーションにつながり、経済を前進させると指摘する。

関連して、第4節では、高圧経済がゾンビ化の予防・脱出、被買収に有効で、創造的合併ともいうべき、破壊のない新結合を促している様を指摘する。

1 先行研究

(1) 創造的破壊は主流でない

イノベーションは、不況期の「創造的破壊の多年にわたる烈風（gale）」（シュムペーター（邦訳1995、131頁。原著85頁））に推進されるという、不況をトリガーとする主張がされることがある。しかし、この考えをデータで示した論文は皆無で、わずかにMensch（1978）があげられるが、それも基礎的

研究や基礎的開発であるBasic Innovationsの検証だった（同、Figure 4 － 1等）。一方、新製品による需要喚起や、生産性に直結するプロダクトおよびプロセスイノベーションにおいて、不況をトリガーとするデータ検証は見当たらない。

　むしろ、篠原（1991、50頁）は、先行研究や多くの学者の意見をあげて、プロセスイノベーションにおいて、需要がけん引する影響が強いと総括している。

　現代にもシュムペーターの考えを引き継ぐネオ・シュムペーターなる学派が存在する。英サセックス大SPRU（科学政策研究所。C・フリーマン創設）が牙城とされる（アンデルセン（2003、9頁、監訳者前書き））。古くは「破壊」の後に、見えざる手がすべてを促すとの清算主義的な論調があったとするが（同、43頁）、「シュムペーター理論は（中略）、企業システムの改革については説明できるが、国家レヴェル（中略）での革新については説明できない」（保住（2002、125頁））と、マクロ経済の不況がトリガーとなるとの考えを、シュムペーターの考えを引き継ぐ学派ですら否定している。

　創造的破壊を正面から研究していることで知られるカバレロ等は、米国で不況期にシュムペーター的破壊は減少したと計測している（Caballero and Hammour（2000、26頁））。

　リーマンショック以降では、金融危機を伴う不況が起きると、リスクマネーの供給の縮小が「創造」を起こす企業家をも圧迫し、結果、「破壊」だけが優勢になりかねないという、負の履歴効果との考えが定着した感がある（第１章、Yellen（2016）、黒田（2015）、木野内（2016）など）。

　以上、イノベーションは、不況期に推進されるというシュムペーター的な考えは、現在、主流の議論ではないことを確認した。

⑵　長期的な影響の鍵はTFP

　最近は、金融引き締めが長期的にも影響するとの研究が多い。米ジャクソンホールでの金融フォーラムで報告されたMa and Zimmermann（2023）は、１％の利上げ後の１－３年で、R&D投資が１－３％減少しベンチャー

キャピタル投資が約25％減少することを計測した。需要減少だけでなく、リスクテイク意欲を低下させる経路を指摘している。結果、5年度にGDPが1％押し下げられる長期的な悪影響を計測した。また、SF連銀のJordà et al.（2023）は、政策介入がTFPの低下と資本ストックの低下をもたらし、少なくとも12年間の悪影響を指摘した。長期的な影響のポイントはTFPだろう。

(3) 製造業でTFP低下

イノベーション効果であるTFPに関してはさまざまな研究があるが、権・深尾（2007）の綿密なサーベイによれば、1990年代の日本でTFP上昇率は低下しており、非製造業よりも製造業において深刻なTFP上昇率低下が観測されたとの計測で一致している（権・深尾（2007、81頁））。

なお、民間のR&D投資の大半は製造業で実施されている。2021年度でR&D投資金額上位100社中、非製造業はわずか6社で、金額シェアは3.5％にすぎない（Bloombergデータより大和証券集計）。かつ、そのR&D投資が1990年代前半に減少した。増加トレンドをもつR&D投資額としては異例だった（現在のTOPIX500採用企業を対象にDataStreamデータベースにおいて、1991年度段階でR&D投資の開示があった製造業147企業の合計は、1991年の4兆3857億円から1993年度には4兆2137億円まで減少、1991年度実績を上回るのは1995年度だった。大和証券集計）。第3節でみるように、R&D投資の減少は4年後のTFPを押し下げる。1990年を通してTFPに悪影響が及んだ可能性が高い。

2　R&D投資は好況時に増加

(1) 問題意識

こうしてみると、日本で1990年代にTFP鈍化が起きた理由は、不況期において日本企業が十分なR&D投資を継続的に実施できなかったためと考えられる。生産性向上は、創造的破壊や不況がトリガーではない。逆に、好況によって企業がR&D投資に資金を費やす余力ができ、その結果TFPが向上

すると考えるのが当然の帰着だ。

　そこで、本節では、好況時にR&D投資は増加する関係を確認する。その後、第3節では、R&D投資はTFPに強く影響することを指摘し、さらに、電機産業は低圧経済時に凋落し、高圧経済国にとってかわられた歴史を確認する。以上で、高圧経済こそが、R&D投資を促し、TFPの向上やプロダクトおよびプロセスのイノベーションにつながると指摘する。

(2) 日本のケース

　ここから景気がよい時期にR&D投資が増加するという相関関係を確認する。高圧／低圧経済を表すGDP需給ギャップを用いた。具体的には、各国を確認する必要から、IMFのWEO DatabaseからOutput Gap as a % of Potential GDPを用いる。R&D投資／GDP比率はOECD StatisticsからGross domestic spending on R&Dを用いる。

　データ加工に関しては、R&D投資に上方トレンドがあるので、トレンドを除去するために変化幅をみる。平準化の意味でR&D投資／GDP比率を3年前差とした。また、好不況が経営者のR&D投資の判断に結びつくまでに時間がかかるとして1年遅行させて観測した。

　図表7-1にみるように、1990年代初頭のバブル崩壊時に、GDPよりもR&D投資は速く縮小した。当時の日本企業はまだ十分な体力が残っており、なかでも製造業は資産価格の下落の悪影響が小さかったにもかかわらず、R&D投資に関し保守的な経営判断がなされた。景気が悪化するときにR&D投資が積極化するなどということは起きなかった。一方、東日本大震災後は景気悪化とは別に、喪失した研究開発拠点の充当投資でR&D投資は増加したものとみられる。2016年頃は為替市場での円安が終了したことで、GDPとR&D投資の関係は一時的に変わった可能性がある。

　こうしたやや特異な場面を除く1993年から2010年の間、GDP需給ギャップとR&D投資／GDP比率3年前差1年ラグは、0.584の決定係数だ。

図表7－1　日本で好況だとR&D投資増加。高圧経済奏功

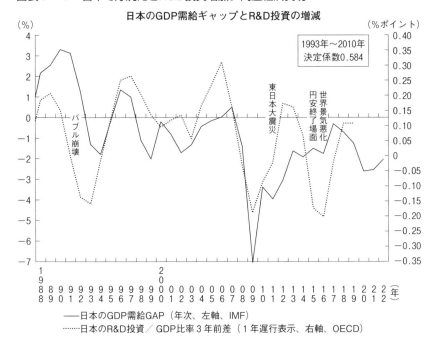

日本のGDP需給ギャップとR&D投資の増減

注：1993年〜2010年の決定係数は0.584。
出所：IMF、WEO Database、Output Gap as a % of Potential GDP、OECD Statistics、Gross
　　　domestic spending on R&Dより大和証券作成。

(3)　フランスのケース

　ここから、日本と経済水準や規模の点で類似している主要先進国Ｇ７と、
加えて、産業構造が日本と類似している韓国を取り上げる。

　図表7－2にみるようにフランスでも、景気がよければ前後してR&D投
資が増え、景気が悪いと前後してR&D投資が増えない傾向がある。

　ここでの注目は、リーマンショック後に為替市場でユーロ相場が安定して
おり、一方円は独歩高となったことだ。2008年7月の1ユーロ169円台か
ら、112円台までわずか4カ月の期間で強烈な円高になった。結果、フラン
スは日本ほどGDPもR&D投資が減らなかった。

　当時のECBによる預金ファシリティ金利は3.25％から0.25％まで3％ポ

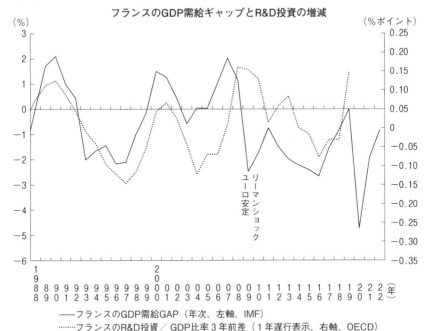

図表７－２　フランスで好況だとR&D投資増加。リーマンショック時に日仏相違

フランスのGDP需給ギャップとR&D投資の増減

——フランスのGDP需給GAP（年次、左軸、IMF）
……フランスのR&D投資／GDP比率３年前差（１年遅行表示、右軸、OECD）

出所：IMF、WEO Database、Output Gap as a % of Potential GDP、OECD Statistics、Gross domestic spending on R&Dより大和証券作成。

イントの引下げ幅となり、日銀による無担保コール翌日物誘導目標の0.5％から0.1％への引下げ幅よりも大きかった。日銀にはゼロ金利制約があったものの、その後、ECBは−0.5％までのマイナス金利を実施しており、リーマンショック時点でもECBは日本銀行より明らかに金融緩和に積極的だった。マイナス金利の是非はともかく、そうした金融政策の積極さが、リーマンショック時の為替市場やGDP、R&D投資に影響した可能性が高い。積極的な金融政策は高圧経済の一面と思われるので、R&D投資には高圧経済が有効といえる。また、高圧経済運営の結果として、緩和余地が大きいより高い均衡名目金利を得ることが重要だ。

⑷　英国のケース

次に、**図表7－3**でみるように、英国でも景気がよいとR&D投資がより増える傾向がある。リーマンショック時はユーロ以上にポンド安が進み、対円では2007年の251円台から2009年には118円台までポンド安となった。結果、この時期の英国のR&D投資は相対的に減らなかった。2014年以降も対ドルで英ポンド安傾向だったので、R&D投資は堅調だった。やはり、為替相場が重要であることを示唆している。

一方、1990年代中盤までは、1987年のブラックマンデーや英ポンド高、湾岸戦争前後の原油価格乱高下や、ユーロ導入までの欧州為替相場メカニズム（ERM：European Exchange Rate Mechanism）離脱にかかわる混乱、その後の原油安などでR&D投資は見送られた。R&D投資の経営判断は保守的なも

図表7－3　英国で好況だとR&D投資増加。国際情勢混乱で保守的に

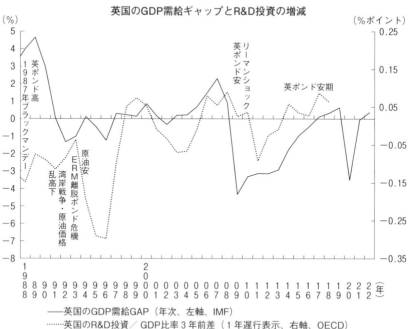

英国のGDP需給ギャップとR&D投資の増減

──英国のGDP需給GAP（年次、左軸、IMF）
……英国のR&D投資／GDP比率3年前差（1年遅行表示、右軸、OECD）

出所：IMF、WEO Database、Output Gap as a % of Potential GDP、OECD Statistics、Gross domestic spending on R&Dより大和証券作成。

のと理解できる。

⑸　カナダのケース

　次に、**図表７－４**でみるように、カナダでも1990年代中盤から2000年代序盤まで景気がよいとR&D投資が増える傾向がある。

　一方、2000年半ばの資源価格が上昇した場面は、それによる好況であって、自国内要因での高圧経済ではなかった。結果、カナダドル高になることでR&D投資は停滞した。同じように、1990年代前半と半ばには景況感の悪化場面が２度あるが、前者はカナダドル安、後者はカナダドル横ばいで、前者に比べ後者はR&D投資が落ち込んだ。為替相場は輸出業である製造業の経営余力に影響し、R&D投資に対しても影響が強いことがわかる。

図表７－４　カナダは資源高の好況よりも為替相場の重要性示唆

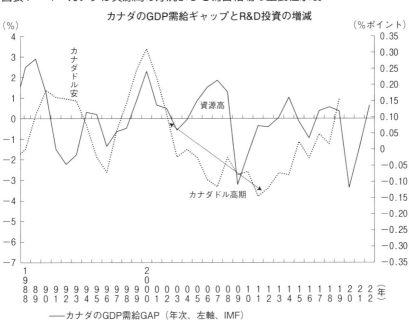

カナダのGDP需給ギャップとR&D投資の増減

──カナダのGDP需給GAP（年次、左軸、IMF）
……カナダのR&D投資／GDP比率３年前差（１年遅行表示、右軸、OECD）

出所：IMF、WEO Database、Output Gap as a % of Potential GDP、OECD Statistics、Gross domestic spending on R&Dより大和証券作成。

⑹ ドイツのケース

次に、**図表7−5**にみるように、2000年代にドイツでも景気がよいと
R&D投資が増える傾向がある。ただし、1990年代後半までは相関してみえ
ない。1987年7月に欧州単一議定書が発効した後はドル安や低圧経済にもか
かわらず、R&D投資が積極化した。欧州共同体（EC）が域内市場を完成さ
せ、欧州統合はさらに加速することが期待されたからだろう。企業は国のサ
ポートがある良好な経営環境のなかではR&D投資を積極的に行うことがわ
かる。

これは30年余り経過したローマ条約・欧州経済共同体（EEC）の改定・改
組だった。改定・改組の原動力は、非関税障壁によってスケールメリットが
活かされず、1980年代前半には欧州動脈硬化症論、ユーロペシミズム（欧州

図表7−5　ドイツで好況だとR&D投資増加。欧州統合で積極的に

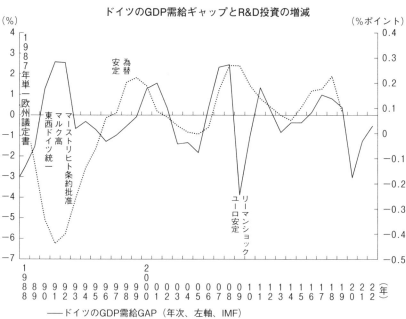

ドイツのGDP需給ギャップとR&D投資の増減

────ドイツのGDP需給GAP（年次、左軸、IMF）
⋯⋯⋯⋯ドイツのR&D投資／GDP比率3年前差（1年遅行表示、右軸、OECD）

出所：IMF、WEO Database、Output Gap as a % of Potential GDP、OECD Statistics、Gross
　　　domestic spending on R&Dより大和証券作成。

悲観論）が広く懸念されたことだ。結果、ドイツの電機企業は1984年頃にこぞって身売りした（後述）。

　また、ベルリンの壁崩壊、東西ドイツ統合にかかわる財政負担等の不透明感台頭やマーストリヒト条約批准時の混乱時も、両国でR&D投資は減少した。やはり、R&D投資の判断は保守的で、先行きの長期的な明るい見通しが重要と理解できる。一方、1990年代半ばは欧州域内の為替の安定が、R&D投資を支えた可能性がある。為替相場は重要だ。

(7)　イタリアのケース

　図表7－6にみられるように、イタリアはグラフ期間を通じてほぼ低圧経済のなかで、ドイツに比べR&D投資を大きく積み上げた時期がほぼない。

図表7－6　イタリアのR&Dは大きく増加せず。低圧経済の悪影響

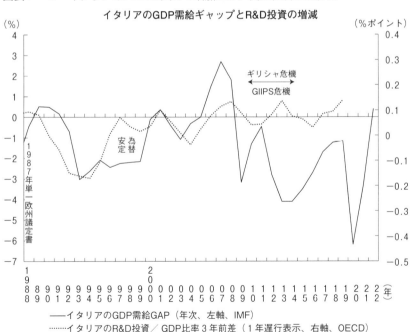

イタリアのGDP需給ギャップとR&D投資の増減

——イタリアのGDP需給GAP（年次、左軸、IMF）
………イタリアのR&D投資／GDP比率3年前差（1年遅行表示、右軸、OECD）

出所：IMF、WEO Database、Output Gap as a % of Potential GDP、OECD Statistics、Gross domestic spending on R&Dより大和証券作成。

2010年代前半に、ギリシャ危機がGIIPS[1]に波及し経済が大きく棄損するなか、一見、R&D投資は大きくは減少しているようにはみえない。しかし、人件費などの固定費主体となったことで減りにくくなったにすぎないと思われる。実際、GDP需給ギャップとR&D投資は逆相関であるので人件費などの固定費のウェイトが高いためと考えられる。2020年のR&D投資のGDP比率は、ドイツ3.27％に対しイタリアは1.51％と半分以下だ。研究・開発者は十分な経費を望めない状態だろう。逆説的な事例だが、高圧経済がR&D投資には重要だと理解できる。

⑻ 米国のケース

次に、米国をみたい。**図表７－７**にみられるように安定した連動性があり、景気がよいとR&D投資がより増える傾向が一貫している。

米国では1985年の大統領産業競争力委員会報告（通称ヤングレポート）の流れをくむ、2004年のイノベートアメリカ（通称パルミザーノレポート）により、National Innovation Initiative運動の機運が高まった（関下（2012、5頁））。

加えて、近年R&D投資が一段と大きい。2017年末に成立した税制変更の効果かもしれない。それまでは米企業の海外利益に関し、米国に還流させると米国内で課税されたが、新税制では海外留保利益に対し低率の税率を一律に適用し（流動性資産15.5％、低流動性資産8％）、米国への還流に際しての課税は廃止された（レパトリ減税）。初めに資金還流を表明したのは米アップル社で、約380億ドルの納税と同時に、5年間で300億ドルの設備投資、2万人の新規雇用とともに、教育プログラム加速も表明した。レパトリ減税はマクロ的には配当を増やしただけとの見方もあろうが、ミクロ的にはポジティブな事例はある。

州別にみると、2020年の米国におけるR&D投資に関しては、シリコンバレーを抱えるカリフォルニア州は35.9％のシェアで、2位のワシントン州の7.7％を大きく引き離している（Wolfe（2022））。米国のR&D投資はシリコン

---

1 GIIPSとは、2010年代前半における欧州債務危機の中心地とされた欧州重債務5カ国（ギリシャ、アイルランド、イタリア、ポルトガル、スペイン）の頭文字を集めた造語。

図表7－7　米国で好況だとR&D投資増加。レパトリ減税奏功か

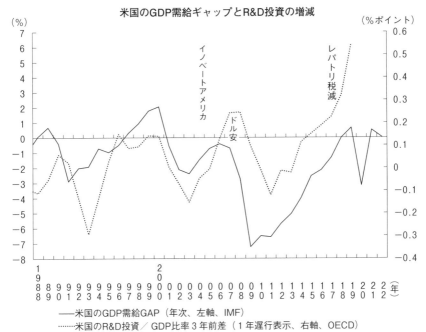

米国のGDP需給ギャップとR&D投資の増減

——米国のGDP需給GAP（年次、左軸、IMF）
……米国のR&D投資／GDP比率3年前差（1年遅行表示、右軸、OECD）

出所：IMF、WEO Database、Output Gap as a % of Potential GDP、OECD Statistics、Gross
　　　domestic spending on R&Dより大和証券作成。

バレー以外にも地域的に偏在しており、シリコンバレーのような、産業界・
公的部門・大学が一体となったイノベーションの中核となる地域クラスター
が各地に形成されているのが特徴だ。こうした地域クラスターが有効に機能
しているとされる（日本政策投資銀行（2001、33頁））。

(9)　韓国のケース

　韓国はアジア通貨危機を経験してGDPギャップでみる景気変動が大きす
ぎるが、それでもR&D投資は、アジア通貨危機後の景気回復のなかで増加
した。リーマンショック後はGDPギャップとR&D投資の関係が弱まってい
るが、ウォン安のときにはR&D投資が増えるという関係がある。これは韓
国のR&D投資を輸出型財企業が中心となって行っていることを示すのかも

しれない。

　また、前記のシリコンバレーのような、産業界と公的部門、大学が一体となったイノベーションの中核となる地域クラスターを国家レベルで推進することが、国家革新体制（National Innovation System）と呼ばれる。

　これの国家革新体制は前出のネオ・シュムペーター学派が推奨している。前出の愛知大学東アジア研究会編『シュムペーターと東アジア経済のダイナミズム　理論と実践』（2002）では、「シュムペーターが主に焦点を当てたのは、革新の過程でなく、革新の影響と効果についてであった。従って、ネオ・シュムペーター派の人々は、技術変化と革新の過程を考察するために「ブラックボックス」を埋めなければならなかった」（43頁）と、「創造」を生み出すプロセスの研究を進めている。

　この国家革新体制と多国籍企業を積極的に誘致したことが、韓国のイノベーションを推進したとされる（尹（2008、171頁））。結果、**図表7－8**でみるように、韓国は1997年のアジア危機以降、R&D投資の水準が高い。

　なお、日本でも技術開発への政府支出はなされてきたが、うまくいかなかった。プロダクトイノベーションの中心地でない分野への散発的な公的投資では、民間投資を誘発する効果が小さいためと筆者は考えている。逆に、現代のイノベーションの中心地である電機産業への集中的な支出ならば民間の誘発効果が大きい。たとえば、台湾TSMC社の熊本への誘致は、日本政府による補助金4760億円に対し、TSMC社を母体とするJASM社（ソニーセミコンダクタソリューションズと自動車部品最大手デンソー参画）が4561億円を支出し合計9321億円の投資となり、その誘発効果として熊本県における関連産業投資は2744億円、工業団地投資779億円、住宅投資1362億円と調査された（九州FG（2023、9頁））。九州全体での半導体関連投資は公表企業分の合計で1兆8400億円超との調査もある（九州経済連合会（2023、1頁））。つまり、政府の4760億円の補助金が、それを含んで合計1兆4206億円や1兆8400億円超の大きな投資となりつつある。さらに、TSMC社による追加投資の検討や、日の丸半導体企業ラピダス社の創設やその5兆円の投資プロジェクトを誘発したと考えられる。

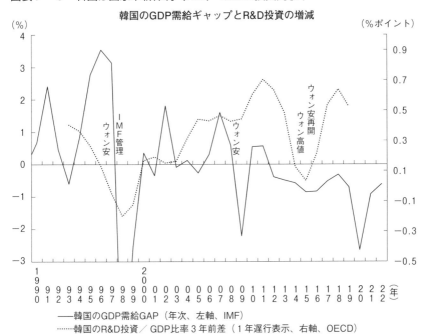

図表7－8　韓国は国家革新体制（NIS）でR&D投資高水準

韓国のGDP需給ギャップとR&D投資の増減

——韓国のGDP需給GAP（年次、左軸、IMF）
‥‥‥‥韓国のR&D投資／GDP比率3年前差（1年遅行表示、右軸、OECD）

出所：IMF、WEO Database、Output Gap as a % of Potential GDP、OECD Statistics、Gross domestic spending on R&Dより大和証券作成。

⑽　韓国が日本の電機産業にとってかわった

　ここで日本と韓国の競争の結末を確認しておきたい。**図表7－9**にみるように、韓国ではリーマンショック後もウォン安による輸出産業競争力向上によってもGDP需給ギャップが相対的に悪化せず、結果、R&D投資／GDP比率も相対的に落ち込まなかった。日本は円高に見舞われ、GDP需給ギャップは落ち込み、R&D投資も停滞した。

　結果的に、**図表7－10**にみるように、日本と韓国の半導体生産シェアは逆転していく。これら日韓の相違は、マクロ経済悪化後に見えざる手によって企業は強くなるとの清算主義や創造的破壊、不況がトリガーとなるとの見方を明確に否定している。

　以上、多くの国で好況のときこそR&D投資が行われ、不況期には行われ

図表 7 － 9　日韓でR&D投資／GDP比率逆転

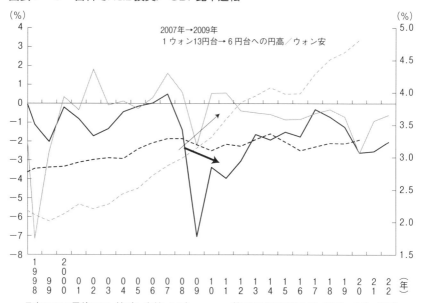

出所：IMF、WEO Database、Output Gap as a % of Potential GDP、OECD Statistics、Gross domestic spending on R&Dより大和証券作成。

ないことが確認できた。むしろ、R&D投資は保守的な性質があることが指摘できた。また、為替市場での自国通貨安定、それを支える適度なインフレとそれに比べた低金利など高圧経済が、R&D投資促進に有効であることも理解できた。

3　R&D投資はTFPに影響 高圧／低圧経済が電機産業を左右

(1)　日本での検証

　本節では、まずR&D投資がTFPに約 4 年の期間で強く影響することをみる。次に、電機産業が低圧経済国で衰退し、高圧経済国の企業にとってかわ

図表 7 −10　日韓で半導体生産シェア逆転

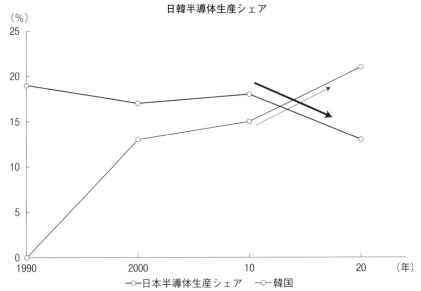

日韓半導体生産シェア

出所：米国半導体産業協会（SIA）発表報道より大和証券作成。

られたことを確認する。

　図表 7 −11でみるように、R&D投資／GDP比率の上昇が 4 年後のTFP上昇率を引き上げる。例外は東日本大震災後で、官民の研究施設が被災し、その充当投資がR&D投資を押し上げた面があるが、全要素生産性は改善しなかった。R&D投資はフローとしては増加しても、ストックとしての増加は限定的で全要素生産性には好影響がなかったのだろう。

　図表 7 −11の全要素生産性半期データ 4 年ラグにおける毎年 9 月データと、R&D投資／GDP比率 3 年前差の年次データの間の決定係数は、東日本大震災の影響を受けた2012年から2015年を除くと0.746となった。十分な相関関係があるといえる。

(2)　高圧／低圧経済が電機産業を左右

　次に、TFPが高くR&D投資を継続的に投下し続けないとならない電機産

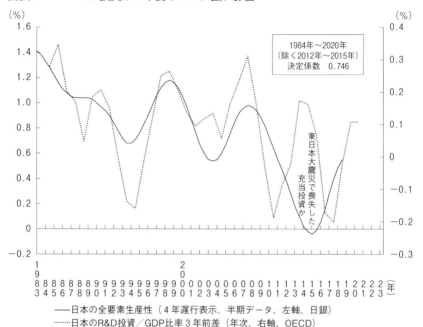

図表 7 - 11　R&D投資は 4 年後のTFPに強い影響

> 1984年～2020年
> （除く2012年～2015年）
> 決定係数　0.746

東日本大震災で喪失した充当投資か

—— 日本の全要素生産性（ 4 年遅行表示、半期データ、左軸、日銀）
……… 日本のR&D投資／GDP比率 3 年前差（年次、右軸、OECD）

注：年次データは半期データの 9 月に一致して表示。両者の決定係数は0.746（東日本大
　　震災の影響を受けた2012年～2015年を除いた1984年～2020年）。
出所：日本銀行「需給ギャップと潜在成長率分析」（川本ほか（2017））データ、OECD
　　　Statistics、Gross domestic spending on R&Dより大和証券作成。

業において、低圧経済下でドイツ企業が凋落し、高圧経済下の日本企業に
とってかわられた歴史と、低圧経済下で日本企業が凋落し、高圧経済下の米
国企業にとってかわられた歴史を確認する。

　まず、オイルショック以降、電機産業でイノベーションが活発であったこ
とを思い出したい。1980年代から家電の小型化、半導体の活用、IT化等と
進展してきた。つまり、不断のR&D投資を注がないとリーディング企業の
立場を維持できないセクターが電機産業で、潤沢なR&D投資によって新興
企業が勃興し、新興国が躍進しうるセクターが電機産業だった。R&D投資
の効果を考えるに最適なセクターと考えられる。

⑶ 1984年頃にドイツ企業は低圧経済で苦しい状況に

図表7－12左部でみるように、1980年代から1990年代初めまで、ドイツは低圧経済、日本は高圧経済だった。この間にドイツ企業は凋落し、日本企業にとってかわられたことをみる。なお、いまから述べるようにドイツ企業の身売りが集中したのは主にプラザ合意前年で、身売りの判断にドル切下げ等の影響はない。また、その後に関しては、1985年のプラザ合意、1987年のルーブル合意はドルの操作で、日独企業に対する影響の差は無視できる。残る内需の影響をGDP需給ギャップでみることになる。

まず、1980年代前半には欧州動脈硬化症論、欧州悲観論が欧州で広く不安視されたと前記したが、図表7－12左部でみられるように当時の西ドイツは低圧経済であった。結果、電気機器はドイツの電気機器メーカーは、コングロマリットのシーメンス社、自動車部品のロバート・ボッシュ社以外は、単

図表7－12　有力電機企業は低圧経済の国から高圧経済の国へシフト

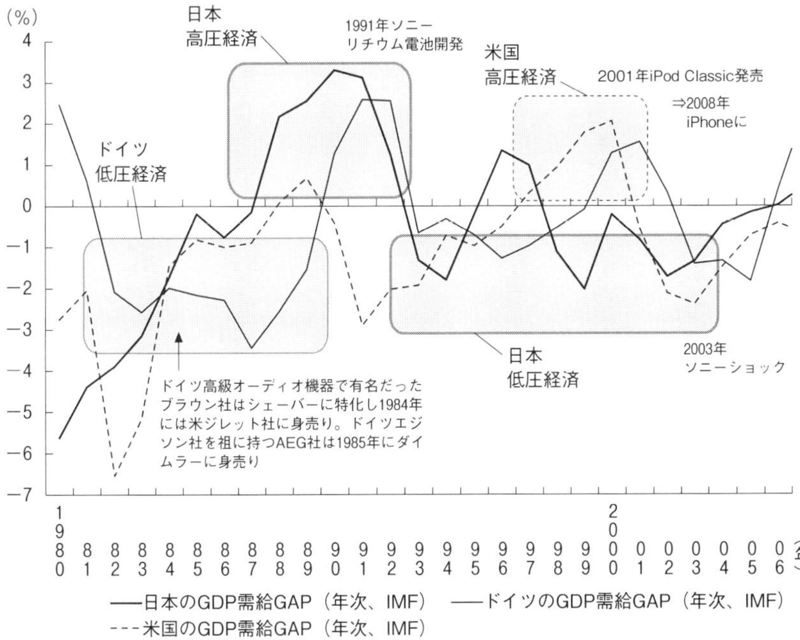

出所：IMF、WEO Database、Output Gap as a % of Potential GDPより大和証券作成。

独で経営される例が少なくなっていく。

　特に家電ではその傾向が顕著で、高級オーディオ機器で有名だったブラウン社はシェーバーに特化し1984年には米ジレット社傘下となった（各社の1980年代以降の経営については木野内（2012）を参照）。ラジオ、テレビ、カセットテープレコーダー、ビデオデッキなどAV機器に強かったグルンディッヒ社は、1984年にフィリップ社から出資を仰ぎ創業者マックス・グルンディッヒは経営から退いた。総合電機メーカーでも、米ゼネラル・エレクトリック（GE）社とかつては世界を二分しドイツエジソン社を祖にもつ独AEG社は、1985年にダイムラー社に身売りした。このように1984年頃にドイツの音響・電機メーカーは集中的に身売りに追い込まれた。

⑷　ドイツにかわって1980年代に日本企業は高圧経済で躍進

　一方、ドイツの音響メーカーを駆逐したのは日本企業だった。ソニー（現ソニーグループ）は1979年にカセットテープ小型再生機ウォークマンを発売する。世界的な大ヒットとなり、1983年には扁平モーターを採用する等で、とうとうカセットテープケースサイズの小型化に成功する。ほかにも1983年にはNECが半導体生産シェアで世界トップになるなど、高圧経済によるR&D投資が日本企業の躍進を支えたと思われる。ドイツ企業が諦めた時期と重なる。

　それまでは音質のよいヘッドホンは室内で使う大きなオーバーイヤー型が主流だった。インナーイヤー型といえば、航空機のイヤホンは聴診器のようなゴム管で、音質は望めなかった。ポータブルラジオのイヤホンはクリスタル型イヤホンと呼ばれる高音ばかりが目立つ製品で、湿気に弱くジョギングしながら聞くなどはできなかった。ウォークマンとともに、ヘッドホンもインナーイヤー型へと小型化が進んだ。

　1985年には板型のチューイングガムを2枚から3枚重ねたような形状のガム型電池を採用し、1991年にはとうとうリチウム電池開発に至る。

　このようにソニーは音響機器を小型化し、どこでも音楽を楽しむことの提供に成功したが、ドイツの老舗音響メーカーは追いつけなかった。ソニーは

この小型化技術で、1990年代にはハンディカムと呼ばれる、レコーダー一体型のビデオカメラの大ヒットを生む。

図表7−12左部でみるように、1980年代から1990年代初めまでドイツは低圧経済、日本は高圧経済だった。この間にドイツ企業は凋落し、日本企業にとってかわられたことがわかる。

(5) 2000年前後に日本企業は低圧経済で苦しい状況に

図表7−12右部でみるように、1990年代から2000年代初頭まで日本は低圧経済、米国は高圧経済だった。この間に日本企業は凋落し、米国企業にとってかわられたことをみる。

1990年代に日本は低圧経済の期間に入る。バブル崩壊だけでなく、せっかくGDP需給ギャップが2％程度まで回復しても、1997年には消費増税を実施したり、2000年にはゼロ金利を解除したり、2006年には量的緩和を解除し、後に日銀総裁に「偽りの夜明け（false dawn）」と恨悔され（白川（2009、7頁））、SF連銀のイエレン総裁にも「日本もまた、経済が回復しているという誤った信念で金融政策と財政政策の両方が引き締められ、1990年代に厳しい教訓（hard lesson）を学んだ」（Yellen（2009）より抜粋。訳は筆者）と指摘される失策を繰り返した。

こうした偽りの夜明けが繰り返される低圧経済のなかで、当時、優良企業とされてきたソニーも、2003年4月に減収減益を発表し、株式市場では2営業日もストップ安となった。ソニーショックと呼ばれ、本邦電機産業の凋落を表す象徴的な出来事が発生した。翌月に発表された構造改革案では、10％の事業カテゴリーからの退出方針が示された。

こうしてみるとイノベーティブな産業で、不断のR&D投資が行われ続けることができない低圧経済の問題が理解できる。高い生産性のある企業が退出してしまう日本の問題は、度重なる偽りの夜明けにあった可能性が高い。

(6) 日本にかわって2000年代に米国企業は高圧経済で躍進

さて、ソニーや多くの日本の家電メーカーを苦しい経営状況に追い込んだ

のは、米国勢とアジア勢だった。アップル・コンピュータ社（現アップル社）がiPod classicを販売、後に半導体メモリーを活用した音楽プレイヤーは、携帯電話と合体しスマートフォンへと進化した。その半導体生産はアジア勢が担い、その一部はすでに**図表7−10**でみた。

　図表7−12右部でみるように、1990年代から2000年代初めまで、日本は低圧経済、米国は高圧経済だった。この間に日本企業は凋落し、米国企業にとってかわられたことがわかる。

　以上、R&D投資が不可欠な電機産業は、低圧経済時に凋落し、高圧経済の国の企業にとってかわられた歴史を確認した。好況がイノベーティブ企業をエンカレッジするのだろう。

　前節と本節で、R&D投資を必要とするイノベーティブ企業をエンカレッジするかたちで、高圧経済こそがイノベーションにつながることを示した。

4　高圧経済でゾンビ企業は減少、清算ではなく被買収

(1)　経済ショックでゾンビ企業増。好景気維持が有効

　ここまでTFPが高い企業を念頭にR&D投資を議論してきた。一方、関連して、本節では非ハイテク産業を念頭にTFPが低い産業と中小企業や、いわゆるゾンビ企業について考えたい。

　ゾンビ企業論で名高い星武雄・アニル・K・カシャップは「ゾンビ企業が大幅に増加した産業における生産性の上昇は低い」（星・カシャップ（2013、30頁））と指摘する。

　しかし、各国のゾンビ企業の割合を研究している国際決済銀行のBanerjee and Hofmann（2020、11頁）によると、日本のゾンビ企業比率は、ITバブル崩壊やリーマンショック、コロナ禍以降に増加した。星とカシャップの唱えるように、ゾンビ企業が多いから生産性が低下したのではなく、生産性を低下させる負のショックの結果、ゾンビ企業が生まれた可能性が高い。つまり、不景気こそが問題なのだ。

一方、前掲のBanerjee and Hofmann（2020、11頁）は、リーマンショック後からアベノミクス期に、日本のゾンビ企業比率が減少しているとしている。実際、**図表 7 −13**でみるように、さまざまな基準でみてもゾンビ企業比率はコロナ禍前までは低下傾向だ。好景気はゾンビ企業をゾンビ状態から脱出させている可能性が高い。

　ならば、処方箋としては、負のショックが起きにくい高圧経済を維持することがゾンビ企業を生まず、ゾンビ企業をゾンビ状態から脱出させることを通じ、ゾンビ企業比率を減少させることに資する。

図表 7 −13　アベノミクス下にさまざまな基準でゾンビ企業比率低下

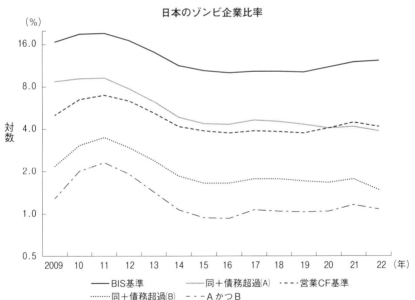

注：BISはゾンビ企業をインタレストカバレッジレシオ（（営業利益＋受取利息・配当金）
　　／（支払利息・割引料））が 1 未満、トービンの q がセクター中央値以下の上場企業と定義。
　　東京商工リサーチ（2023）は、範囲を上場企業以外にも広げた結果トービンの q 条件なし。
　　また、分母を営業CF（簡便法）のバージョン、さらに債務超過であるか否かの条件を
　　加えたバージョン等も算出している。
出所：東京商工リサーチ（2023）より大和証券作成。

⑵　ゾンビ企業退場は不況では限定的

　ゾンビ企業は高圧経済下でゾンビ状態から脱出できるはずだが、金融緩和が企業を甘やかすとの批判は根強い。たとえば、白川（2023、98頁）は低金利の持続は何もしなければ存続だけは可能という状態をつくりだし、結果的にリスクテイクや経済の新陳代謝を抑制するメカニズムを内包と指摘する。国際決済銀行のHong et al.（2022）も中長期金利を押し下げるとゾンビ企業が短期債務を長期債務に振り替えることでメリットを受けていると指摘する。

　しかし、**図表7−14**でみるように、開業率と倒産件数は逆相関であり、倒産（破壊）が増えて開業（創造）が増えるなどということは起きていない。

　先行研究では、倒産が多く景気後退期を含む年が半分以上を占める1995年から2001年という期間において、生産性の高い企業が退出し、生産性の低い企業が存続したことが示されている（権・深尾（2007、87頁））。ゾンビ企業

図表7−14　倒産減っても開業増える。創造的破壊はみられず

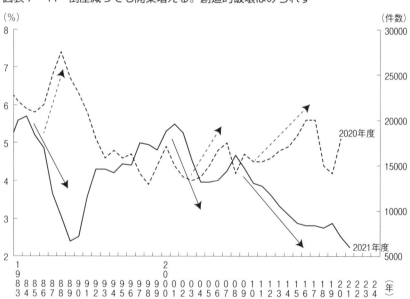

----開業率（年度、左軸、中小企業白書）　——倒産件数（右軸、東京商工リサーチ）

出所：中小企業白書（2021）、東京商工リサーチ（2022）より大和証券作成。

は不況でも退場しにくい。不況でもゾンビ企業の退場は進まないのに、それを速水（1999、120頁。2000、186頁）のように推奨するのは無理がある。

(3)　高圧経済で中小企業は被買収。破壊のない新結合に

　ゾンビ企業のなかでも、中小企業等のように弱い経済主体はどうだろう。前出の星・カシャップは、「2007年から2009年の世界金融危機の間、政府は政策を転換し、ゾンビ企業の保護を開始した。最近では、経営問題を抱える企業、特に中小企業を支援するよう銀行に促す政策がとられている」（星・カシャップ（2013、146頁）、強調は筆者）と、リーマンショック後の中小企業支援を批判している。

　しかし、このリーマンショック後は、負の履歴効果が長期停滞の原因との考えがその後の主流となったことはすでに述べた。創造的破壊論は成り立たない。現実問題として、不況期に中小企業に信用保証協会で債務保証することが多い。不況期には生産性の低い中小企業が存続される傾向が指摘できる。

　ただし、たしかに中小・中堅企業の生産性はどの産業を比較しても大企業より低い（中小企業庁（2022、Ⅰ-73頁参照）。ここで高圧経済下において中小企業が買収されている姿を紹介したい。

　図表7-15でみるように、広範なM&Aデータで定評があるレコフ社データでみると、M&A件数は2013年の2048件に対し2020年は3730件と倍増に近い。中小企業のM&Aはデータの制約があるが、その仲介業である東証上場の3社（株式会社日本M&Aセンター、株式会社ストライク、M&Aキャピタルパートナーズ株式会社）の成約件数の合計でみると、2013年度の182件に対し2020年度は760件と（中小企業庁（2022、Ⅰ-97頁参照）、レフコ社のデータ以上の増加率を示している。つまり、中小企業が買収されるM&Aが増加している。

　高圧経済期には、M&Aが多く開業率も高くなる。M&Aが多い1990年や2006年は前出の国際決済銀行（Banerjee and Hofmann（2020、11頁））によるとゾンビ企業比率が最も低い時期だ。高圧経済がゾンビ企業をゾンビ状態か

図表 7 − 15　高圧経済で開業、M&A（創造的合併）増加

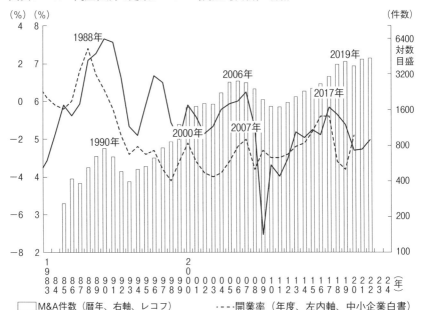

注：M&A件数の直近は2022年10月までの年換算。
出所：中小企業白書（2021）、レコフM＆Aデータベース、IMF、WEO Database、Output
　　　Gap as a % of Potential GDPより大和証券作成。

ら脱却させ他社に買収させている。

　新結合は不況による破壊やその後の見えざる手に委ねるような不確かな経
路でなく、合併によって雇用破壊や組織的な知や技術等の霧散がないかたち
を、高圧経済が促している可能性が指摘できる。高圧経済による創造的合併
と名づけることができる。

　実はシュムペーターは後年主張がやや変化した（西田（2000、24頁））。大
企業や独占による利潤を、企業が革新を行うために必要なものと位置づけて
いる（シュムペーター（1995、156頁。原著101頁）。この文脈を援用すれば、中
小企業を買収した大きな企業の利潤によって、買収された中小企業の知見が
活かされうることになる。

　また、人手不足倒産が増加しており（2013年34件⇒2019年192件。帝国デー

タバンク調べ）、生産性の低い企業は破壊される雇用数が少なくショックが小さい状態で退場している。規模が大きいままでは退場も買収もされにくいが、労働力を獲得できなければいずれ縮小し、ショックが小さい状態で退場あるいは買収されることが期待できる。

　生産性の低いゾンビ企業や中小企業の抱える経済資源は、好況時に創造的合併で有効に活用されている様子を確認した。

▌5 ｜ 結　　語

　以上、本章では、国内需要や通貨の安定を生む高圧経済こそが、製造業中心のR&D投資を促し、TFPの向上やプロダクトおよびプロセスのイノベーションを通じて、経済を前進させると指摘した。あわせて、高圧経済が創造的合併による新結合を促すと紹介した。

〈参考文献〉
アンデルセン, E. S.著、八木紀一郎ほか訳（2003）『進化的経済学　シュンペーターを越えて』シュプリンガー・フェアラーク東京

尹明憲（2008）『韓国経済の発展パラダイムの転換』明石書店

川本卓司・尾崎達哉・加藤直也・前橋昂平（2017）「需給ギャップと潜在成長率の見直しについて」日本銀行ホームページ

木野内栄治（2012）「日本企業のモバイルIT環境構築でイノベーションを」東洋経済新報社、高橋亀吉記念賞ホームページ第28回優秀賞論文

木野内栄治（2016）「株高の鍵握る高圧経済とリパトリ減税」日本語ロイターホームページ

九州経済連合会（2023）「九州における投資拡大の現状と課題」第2回　国内投資拡大のための官民連携フォーラム資料12九州経済連合会倉富純男会長提出資料（https://www.meti.go.jp/press/2023/04/20230406004/20230406004-14.pdf）

九州FG（2023）「会社説明会資料2023年3月」株式会社九州フィナンシャルグループ

黒田東彦（2015）「日本銀行金融研究所主催2015年国際コンファランスにおける開会挨拶の邦訳」日本銀行ホームページ

権赫旭・深尾京司（2007）「失われた10年にTFP上昇はなぜ停滞したか」林文夫編『経済停滞の原因と制度第一巻』勁草書房、71〜112頁

篠原三代平（1991）『世界経済の長期ダイナミクス』TBSブリタニカ

シュムペーター, J. A.著、中山伊知郎ほか訳（1995）『新装版資本主義・社会主義・民主主義』東洋経済新報社

白川方明（2009）「経済・金融危機からの脱却：教訓と政策対応—ジャパン・ソサエティNYにおける講演の邦訳—」日本銀行ホームページ

白川方明（2023）「政府・日銀「共同声明」10年後の総括」『週刊東洋経済』2023年1月21日号、90〜99頁

関下稔（2012）『21世紀の多国籍企業 アメリカ企業の変容とグローバリゼーションの深化』文眞堂

中小企業庁（2021）『中小企業白書』2021年版

中小企業庁（2022）『中小企業白書』2022年版

東京商工リサーチ（2022）「全国企業倒産状況」

東京商工リサーチ（2023）「2023年「ゾンビ企業って言うな！」〜債務・利払い負担が重く、収益改善が難しい企業たち〜」東京商工リサーチホームページ

西田稔（2000）『イノベーションと経済政策』八千代出版

日本政策投資銀行（2001）「『ヤングレポート』以降の米国競争力政策と我が国製造業空洞化へのインプリケーション」産業レポートVol.3

速水優（1999）「ニュー・ミレニアムに向けて」『中央銀行の独立性と金融政策』東洋経済新報社、135〜147頁

速水優（2000）「「失われた10年」からの脱却のために」同上、169〜188頁

星岳雄・アニル・K・カシャップ（2013）『何が日本の経済成長を止めたのか』日本経済新聞出版

保住敏彦（2002）「進化経済学および世界システム論から見た東アジア危機」愛知大学東アジア研究会編『シュムペーターと東アジア経済のダイナミズム 理論と実践』創土社、99〜131頁

Banerjee, R. N., and B. Hofmann（2020）"Corporate Zombies: Anatomy and Life Cycle," BIS Working Papers, No. 882 September.

Caballero R. J., and L. M. Hammour（2000）"Creative Destruction and Development: Institutions, Crises, and Restructuring," NBER Working Paper, No. 7849, August.

Hong, G., Igan, D. and D. Lee（2022）"Zombies on the Brink: Evidence from Japan on the Reversal of Monetary Policy Effectiveness," BIS Working Papers, No. 987 January.

Mensch G. O.（1978）"*Stalemate in Technology: Innovations Overcome the Depression*," Ballinger Publishing Company.（英語版、オリジナルはドイツ語版1975）

Òscar Jordà, Sanjay R. Singh, and Alan M. Taylor（2023）"Does Monetary Policy Have Long-Run Effects?," Federal Reserve Bank of San Francisco HP September.

Wolfe R. M.（2022）"Businesses Spent Over a Half Trillion Dollars for R&D

Performance in the United States During 2020, a 9.1% Increase Over 2019," National Center for Science and Engineering Statistics HP NSF 22-343 October.

Yellen L. J.（2009）"A View of the Economic Crisis and the Federal Reserve's Response," Federal Reserve Bank of San Francisco HP July.

Yellen L. J.（2016）"Macroeconomic Research After the Crisis," Federal Reserve Board HP October.

Yueran Ma, and Kaspar Zimmermann（2023）"Monetary Policy and Innovation," Federal Reserve Bank of Kansas City HP August.

第 8 章

高圧経済の実践とその結果
——日本の高圧経済局面は高度経済成長期とアベノミクス期のみ

第一生命経済研究所経済調査部　首席エコノミスト

永濱　利廣

本章では、過去の高圧経済の実践とその結果を振り返り、日本経済にとって高圧経済政策が有効であることを指摘したい。

第1節では、高圧経済の歴史的経験を振り返る。具体的には、過去のデータを用いて望ましい高圧経済的な環境だった時期を米・日それぞれにおいて抽出する。そして、それぞれの時期における経済政策の特徴を振り返ることで、望ましい高圧経済政策の傾向をつかむ。

第2節では、日本の「履歴効果」について検証する。具体的には、実質経済成長率と日銀が公表する潜在成長率の要因分解データの時差相関係数を計測することで、日本の潜在成長率が需要の要因によって大きく左右されてきたことについて定量的に示す。そして、日本でも潜在成長率を高めるためには高圧経済政策が有効であることについて論じる。

第3節では、日本で可能な高圧経済の余地について考察する。具体的には、主要先進国のインフレ率やGDPギャップ率を比較することで、高圧経済の余地が各国で異なることを確認する。そのうえで、日本で高圧経済が可能な需要喚起の規模を内閣府版GDPギャップに基づいて示す。さらに、GDPギャップを解消して高圧経済政策を進めることは財政健全化にも寄与することについても論じる。

以上の分析を通じて、日本で潜在成長率の向上や財政健全化を進めるためには高圧経済が望ましい政策であることを指摘する。

1 高圧経済の歴史的経験

(1) 潜在成長率の低下は長期の需要低迷

伝統的な成長会計に基づけば、一国の潜在成長率は潜在的な労働投入量と資本投入量と生産性の3要素によって規定され、短期的な需要の変化に左右されないとされる。しかし、バブル崩壊や金融危機などにより需要の低迷があまりにも長引くと、企業の設備投資の慎重化などにより供給力に悪影響を及ぼす。逆に強めの需要刺激が続けば、雇用の増加や賃金の改善に伴う企業収益の改善を通じて設備投資の回復を促す。そして、研究開発や新規創業等

を通じて生産性も上向くことで、結果として労働＋資本＋生産性の潜在成長率も上向かせることになる。

実際、**図表8－1**にみるように、日銀が推計した潜在成長率に基づけば、日本の潜在成長率は実際の経済成長率に遅れて連動していることがわかる。こうした見解に基づけば、高圧経済で日本の潜在成長率も高まる可能性がある。

(2) 米国における高圧経済の歴史的経験

そもそも、Okun（1973）によれば、高圧経済は1956年に米国のエコノミストで政治家でもあったヘンリー・ウォーリック氏によって提唱されたと紹介されている。

そして、木野内（2017a、2017b）によれば、すでにその前の1940年代から1950年代にかけてのデフレが高圧経済で脱却できたとアルビン・ハンセン博士が分析しているとのことである。ハンセン氏は1938年の全米経済学会会長としてのスピーチで、長期停滞・低成長の定着に対する懸念（長期停滞論）を指摘しており、この4年後から米国では長短金利のくぎ付け政策と戦争という財政支出が始まった。そして、戦後の復興特需や朝鮮動乱などに伴うインフレを甘受してでも低金利を維持して需要喚起を続けたことによって、米国はデフレから脱却、すなわち高圧経済で長期停滞を脱した、とハンセン氏は分析している。

そこで以下では、日米の高圧経済の歴史的経験を定量的に振り返る。そもそも高圧経済の条件の1つは潜在成長率を上回る需要があるGDPギャップがプラスの状態だが、1980年以前のGDPギャップデータは日米とも取得が困難である。そこで、実質GDPの年データが取得できる期間（米国：1948年から2021年、日本：1955年から2021年）にHPフィルター（トレンドの滑らかさを決める $\lambda = 100$）を施し、トレンドから上方乖離する局面を1つの条件とした。

また、望ましい高圧経済の姿としては、供給サイドの望ましい変化を通じて潜在成長力が強化されることであり、逆にインフレが進行すると高圧経済は否定される。このため、サプライサイドが強化されることでCPIのインフ

図表 8 － 1 　経済成長率に遅れて動く潜在成長率

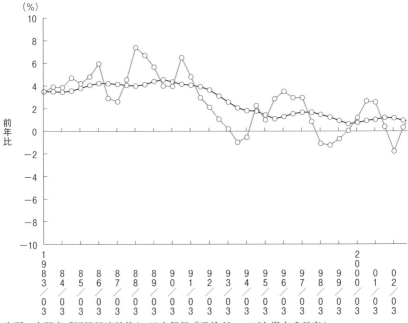

出所：内閣府「国民経済計算」、日本銀行「需給ギャップと潜在成長率」

レ率がHPフィルタートレンド（$\lambda = 100$）を下回ることも条件とした。

　そして、以上の２つの条件が満たされる期間が２年以上続く局面を高圧経済が成功した局面とし、これを日米について抽出した。

　以上の分析の結果、**図表 8 － 2** にみるように、米国では、①1952年から1953年、②1972年から1973年、③1977年から1978年、④1984年から1988年、⑤1998年から1999年の５期間となった。うち①はまさにハンセン氏の分析と重なる期間といえよう。

　②は、スミソニアン合意によるドル切下げ後も引き続き巨額の赤字財政による積極的な財政政策と金融緩和を進めた時期である。ニクソン政権が1971年８月に打ち出した新経済政策で自動車物品税の廃止、個人所得税の減税および新規国産設備財に対する投資減税などが盛り込まれたことに加え、金融緩和に支えられて通貨供給量も大幅に増加し、財政・金融のポリシーミック

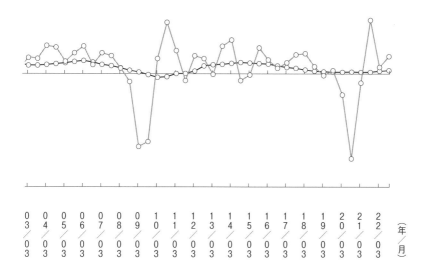

0 3 ／ 0 3	0 4 ／ 0 3	0 5 ／ 0 3	0 6 ／ 0 3	0 7 ／ 0 3	0 8 ／ 0 3	0 9 ／ 0 3	1 0 ／ 0 3	1 1 ／ 0 3	1 2 ／ 0 3	1 3 ／ 0 3	1 4 ／ 0 3	1 5 ／ 0 3	1 6 ／ 0 3	1 7 ／ 0 3	1 8 ／ 0 3	1 9 ／ 0 3	2 0 ／ 0 3	2 1 ／ 0 3	2 2 ／ 0 3	（年／月）

スが成長加速の役割を果たした。

　そして、③の成長を特徴づけるものは、1976年末から1977年初めにかけて公定歩合が引き下げられる一方、カーター新大統領によって財政上の刺激策が提案される等、景気上昇を維持するために当局が西欧諸国に比べて積極的な姿勢を示したことである。具体的には、11月に当選したカーター新大統領は1977年1月末から2年間にわたり312億ドルにのぼる財政面からの景気刺激策を提案した。その中心は個人所得税の還付等であり、景気刺激の速効をねらったものであった。これらの政策が、企業のコンフィデンスを強めるのに役立った。

　④の時期の経済政策を振り返ると、レーガン政権下で財政政策は結果的に景気刺激的に、金融政策はおおむね景気に対して中立的に作用したとみられる。財政政策面では、1981年に租税法による所得税減税の第3段階として限

図表 8 − 2　米国における高圧経済局面

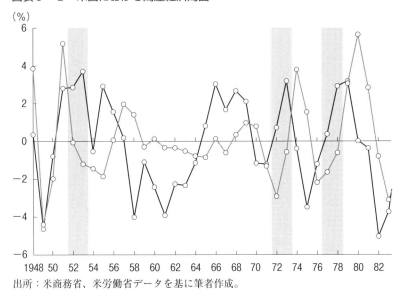

出所：米商務省、米労働省データを基に筆者作成。

界税率の10％引下げが1983年 7 月に実施されたことなどにより、1984年に急速にGDPギャップが解消した。一方の金融政策面では、物価の安定基調の継続等を背景に、インフレ抑制と景気拡大維持の双方をにらんで、やや緩和的なスタンスがとられた。

　そして最後に⑤の時期を振り返ると、クリントン政権下で財政収支が黒字に転じるなかでグリーンスパンFRB議長にかじ取りされた金融政策の効果が大きかったものと推察される。具体的には、1997年 3 月以来5.5％に据え置かれていたFFレートの誘導目標水準が1998年 8 月のロシア金融危機以降、1998年 9 月、10月、11月の 3 回のFOMCで0.25％ずつ引き下げられて4.75％となり、公定歩合も10月、11月に0.25％ずつ引き下げられて4.5％となった。こうした影響を受けてダウ平均が上昇トレンドに転じ、1999年 8 月には過去最高値を記録した。

　以上のように、米国の高圧経済は、おおむね効果的な財政政策と緩和的な金融環境によりもたらされてきたといえよう。

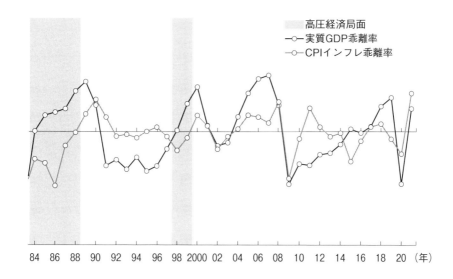

の凡例:
高圧経済局面
実質GDP乖離率
CPIインフレ乖離率

84 86 88 90 92 94 96 98 2000 02 04 06 08 10 12 14 16 18 20 (年)

(3)　日本における高圧経済の歴史的経験

　一方の日本では、**図表8－3**にみるとおり、①1969年から1972年、②2016年から2017年の2期間にとどまった。

　うち①は、まさに高度成長期の後期と重なる期間といえよう。そして、この時期の成長のきっかけとなったのは、池田勇人総理の「所得倍増計画」にあったといえる。具体的には、東京五輪や大阪万博などの特需を背景とした設備投資の大幅な増加と、新幹線や高速道路など民間経済を支える公共投資の著しい増加である。また、高度経済成長には所得税の累進構造に伴う税負担を軽減するために、国民所得の増加や物価上昇に応じて所得税の減税が毎年行われた。一方の金融政策も、池田総理以降の「低金利路線」により、日本経済が「国際収支の天井」に突き当たるまでは本格的な金融引き締めに移らなかった。このように、①の期間の高圧経済は、効率的な公共投資と減税に金融政策のもたらした緩和的な金融環境によりもたらされたといえよう。

　そして、②の時期における経済政策の動向をみると、第2次安倍政権下の

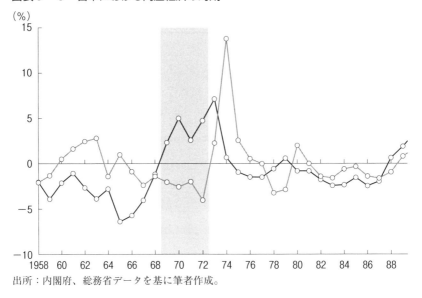

出所：内閣府、総務省データを基に筆者作成。

なかでも財政政策は比較的景気支持的に運営された一方で、金融政策は 2 ％の物価目標をもって大胆に実施されたとみられる。財政政策面では、前年度に一億総活躍実現や21世紀インフラ整備、中小企業小規模事業者地方支援、熊本地震復興を柱とした財政措置13.5兆円が打ち出されたこと等によりGDPギャップが一時的に解消した。一方の金融政策面では、 2 ％の物価目標を背景に、マイナス金利→イールドカーブコントロールが導入され、緩和的なスタンスがとられた。このように、②の時期の高圧経済は、 2 ％の物価目標のもとでの金融緩和政策と機動的で効率的な財政政策によりもたらされたといえよう。

2 日本における「履歴効果」の検証

(1)　潜在成長率は現実の経済成長率に 1 年半遅れて動く

　長らく日本では、潜在成長率が重要な変数とされており、その低下は供給側の構造問題により起こってきたと考えられてきた。

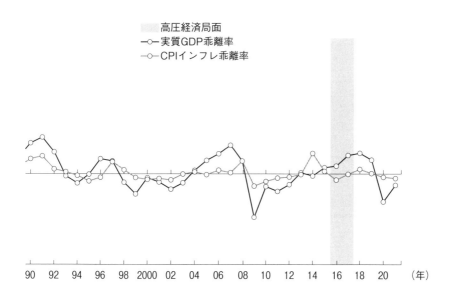

高圧経済局面
—○— 実質GDP乖離率
—○— CPIインフレ乖離率

90	92	94	96	98	2000	02	04	06	08	10	12	14	16	18	20	(年)

　たとえば、内閣府の2002年度の年次経済財政報告（第3章第2節）でも、日本経済の構造問題を端的に示しているのはマクロ的な労働生産性の低下であり、経済活性化の課題として、①機械化の進展、②規制緩和等による経済全体の効率化、③技術進歩の進展、をあげている。これが、金融・財政政策を中心とした需要刺激策よりも、生産性向上などの供給力向上策が重要と指摘される根拠となっている。

　しかし、**図表8－3**の分析でみたとおり、日本経済において高圧経済の時期が少なかった背景には、バブル崩壊に伴う需要サイドの急減が供給サイドにダメージを与え、長期の成長力が低下した可能性がある。そこで以下では、日本経済の需要不足が低成長を恒久化させた高圧経済でいうところの「履歴効果」について検証してみよう。

　先の**図表8－1**で示したとおり、日本の潜在成長率をみると、経済成長率に遅れて変動しているようにみえる。そこで、潜在成長率と経済成長率の時差相関係数を計測すると、**図表8－4**にみるとおり、潜在成長率が経済成長率に1年半遅れて最も高い正の相関を示していることがわかる。

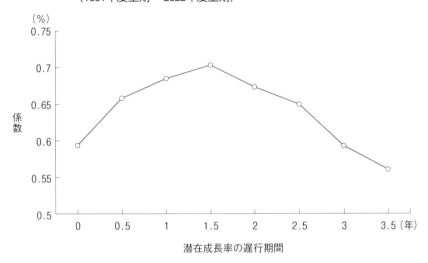

図表 8 − 4　経済成長率と潜在成長率の時差相関係数
　　　　　　　（1981年度上期〜 2022年度上期）

出所：内閣府「国民経済計算」、日本銀行「需給ギャップと潜在成長率」を基に筆者作成。

図表 8 − 5　潜在成長率の要因分解

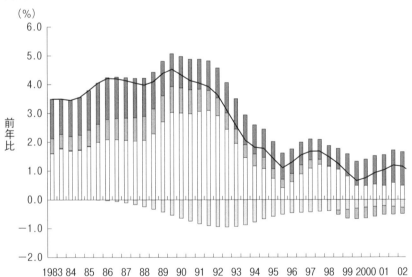

出所：日本銀行「需給ギャップと潜在成長率」

つまり、これまでの実質成長率と潜在成長率の因果関係をみた限りでは、潜在成長率が現実の成長率を後追いして変動していることがわかる。こうしたことからすれば、潜在成長率の低迷は供給側の構造的な要因というよりも、総需要の変動の影響を大きく受けてきたものと推測される。

(2) 潜在成長率を構成するほとんどの要因が 総需要の影響を受ける

そこで続いては、**図表8−5**に示したように、日銀の潜在成長率を資本ストック、1人当り総労働時間、就業者数、TFPの4要素に分解し、各要素と現実の成長率の動向を比較してみた。

すると、**図表8−6**にみるように、TFPがほぼ同時、資本ストックと就業者数が現実の成長率にやや遅れて変動していることがわかる。一般的には、労働投入量低下の要因として、時短や少子高齢化、雇用のミスマッチ等といった供給側の問題が大きいととらえられてきた。しかし資本ストックに

□ 資本ストック
▨ 1人当り総労働時間
▦ 就業者数
▓ TFP
── 潜在成長率

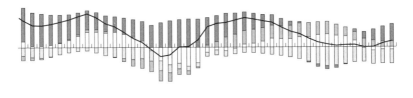

03 04 05 06 07 08 09 10 11 12 13 14 15 16 17 18 19 20 21 22 （年）

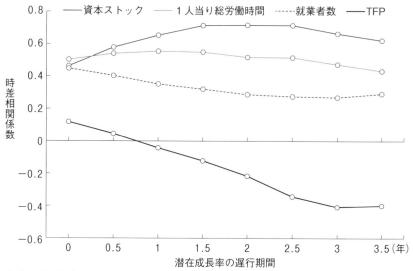

図表8−6　経済成長率との時差相関係数

凡例：資本ストック　　1人当り総労働時間　　就業者数　　TFP

出所：内閣府「国民経済計算」、日本銀行「需給ギャップと潜在成長率」を基に筆者作成。

ついては、その源泉が総需要の動向に大きく左右される設備投資であることからすれば、供給側の構造問題のみで潜在成長率の変動を説明するのも無理がある。なお、1人当り総労働時間の時差相関係数がマイナスに転じているのは、1987年に労働基準法が「週48時間制」から「週40時間制」に改定されて週休二日制が浸透したことや、1980年代後半以降の派遣・有期契約労働者の増加等に伴う短時間労働者の増加等により労働時間が構造的に減少してきたことが寄与しているものと推察される。

　したがって、定性的に判断しても、特にバブル崩壊以降の潜在成長率の低下は供給側の構造問題というよりも、総需要の変動の影響が大きいと考えるのが自然である。そして実際に、総需要が各要素に及ぼす影響は以下のようなものが考えられる。

① 需要変動に伴う職探しや完全雇用失業率の変化が潜在労働投入量に影響
　これまで経済成長率と就業者数要因の因果関係をみれば、就業者数要因が1年遅れて連動していることがわかる。

背景には、総需要の長期停滞で職探しをあきらめて労働力人口が減少することで、潜在労働投入量が低下することが指摘できる。となれば、高圧経済で総需要が拡大すれば、職探しをあきらめていた非労働力人口が労働市場に参入することで労働力人口は増えるだろう。

　また、非自発的失業を除く失業率を完全雇用失業率と定義すれば、**図表8－7**にみるように、失業率が低下すると、完全雇用失業率も低下する傾向がある。つまり、この関係は需要拡大により失業率が下がれば、自発的失業も減ることで潜在的な労働供給も増えることを意味する。したがって、潜在労働投入量は総需要の影響も受けることになるといえよう。

② 需要の変化に伴う企業の期待成長率変化を通じて資本ストックに影響

　資本ストックの伸び率鈍化が1990年代以降の潜在成長率の押下げ要因となってきたが、これまで経済成長率と資本ストックの因果関係をみれば、潜在資本投入量が現実の経済成長率に２年程度遅れて変動していることがわかる。

　資本ストックの伸び鈍化は、企業の期待成長率の低下を意味する。これは、資本ストックの源泉である設備投資の意思決定が企業の期待成長率に依存するからである。そして、**図表8－8**にみるように、これまでの企業の期待成長率は現実の成長率に大きく左右されることがわかっている。したがって、長期停滞が続けば、企業の期待成長率の低下を通じて設備投資が低迷し、資本ストックの伸びが減速する一方、現実の成長率の拡大が続けば、企業の期待成長率の低下を通じて設備投資が拡大し、資本ストックの伸びが加速する。つまり、バブル崩壊以降の長期停滞に伴う資本ストックの伸び鈍化が潜在成長率の低下に寄与しており、逆に高圧経済に伴う需要拡大の効果は、資本ストックの伸び加速に伴い、潜在成長率の上昇に寄与する可能性が高い。

③ 需要変化に伴う雇用と設備の質の変化がTFPに影響

　これまでの経済成長率とTFPの因果関係をみれば、TFPが現実の成長率とほぼ一致して変動していることがわかる。そして、TFPの動向をみると、2019年度頃からは伸びが拡大している。

図表 8 - 7　失業率と完全雇用失業率

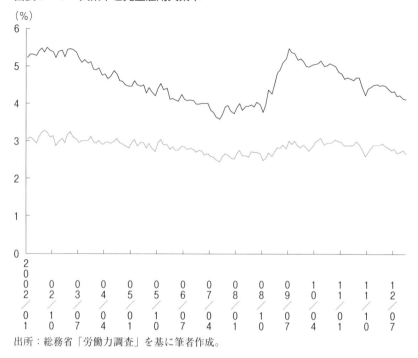

(%)

出所：総務省「労働力調査」を基に筆者作成。

　一般的なTFPの伸び鈍化の背景として、供給側の構造問題により生産性
の低い産業や企業に経営資源が塩漬けになり、生産性の高い分野に資源が配
分されなかったことが指摘されてきた（内閣府：平成19年度年次経済財政報
告）。しかし、総需要の長期低迷もTFPの伸びを鈍化させる。なぜなら、景
気が低迷すれば企業内失業や不稼働設備というかたちで過剰雇用や過剰設備
が発生するが、計測される労働投入や資本投入は減りにくいので、残差とし
てのTFPの伸びが低下するからである。したがって、TFPの伸びも総需要
の動向が大きく影響するものと思われる。こう考えれば、**図表 8 - 9** にみる
ように、特に2013年以降のTFPの伸び低下は、アベノミクス始動に伴い就
業者数や資本ストックの伸びが加速したことにより、残差として計測される
TFPの伸びが低下したことが推察される。一方、2020年以降のTFPの伸び
加速は、新型コロナウイルス感染症発生に伴い就業者数や資本ストックの伸

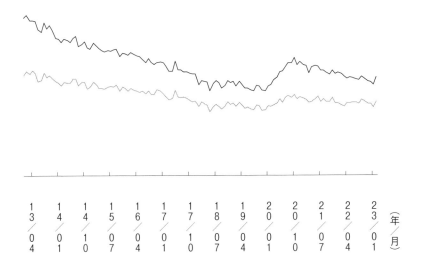

失業率
——失業率（除く非自発的失業）

1	1	1	1	1	1	1	1	1	2	2	2	2	2
3	4	4	5	6	7	7	8	9	0	0	1	2	3	（年／月）
／	／	／	／	／	／	／	／	／	／	／	／	／	／
0	0	1	0	0	0	1	0	0	0	1	0	0	0
4	1	0	7	4	1	0	7	4	1	0	7	4	1

びが低下したことにより、残差として計測されるTFPの伸びが上昇し、2022年以降のコロナ禍からの正常化局面では、過剰雇用や過剰設備が減少した裏に残差として計測されるTFPの伸びが加速しているものと推察される。

　以上のように、一般的に供給側の構造問題として認識されている潜在成長率は、資本投入、労働投入、生産性のいずれの側面からも総需要の動向に大きく左右されると判断できよう。

⑶　高圧経済が潜在成長率を高める近道

　総需要が潜在成長率に及ぼす影響をまとめると、①潜在労働投入量への影響として、失業者の職探し動向に伴う労働参加率の変化、労働需給の変化に伴う完全雇用失業率の変化、②潜在資本投入量への影響として、企業の設備投資変動に伴う資本ストック伸び率の変化、③TFPへの影響として、企業

図表 8 - 8　経済成長率と資本ストックと期待成長率

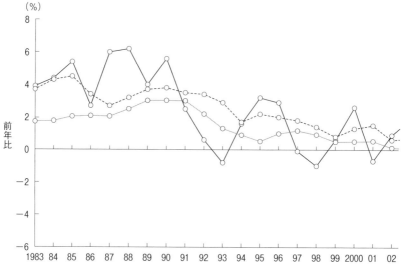

注：内閣府の企業行動に関するアンケート調査は毎年1月に行われるため、ここでは当該
　　また、期待成長率とは、業界需要の実質成長率の今後3年間の見通しをいう。
出所：内閣府「国民経済計算」「企業行動に関するアンケート調査」、日銀「需給ギャップ

図表 8 - 9　短観過不足判断DIとTFP

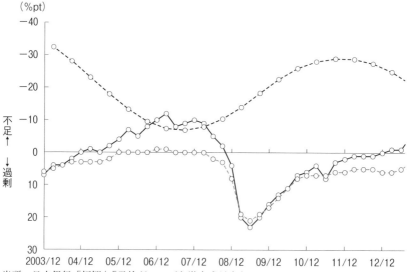

出所：日本銀行「短観」「需給ギャップと潜在成長率」

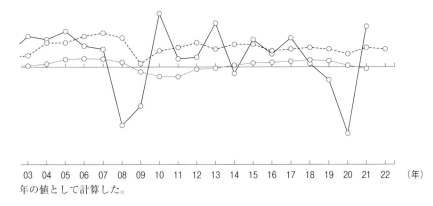

経済成長率
資本ストック
期待成長率

```
  03  04  05  06  07  08  09  10  11  12  13  14  15  16  17  18  19  20  21  22  （年）
```
年の値として計算した。

と潜在成長率」

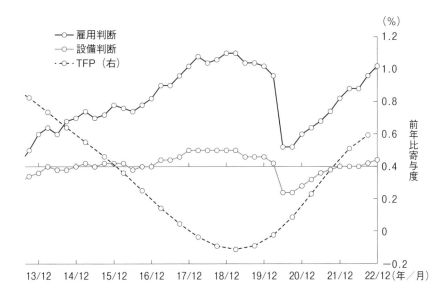

雇用判断
設備判断
TFP（右）

（%）

1.2

1.0

0.8

0.6

0.4

0.2

0

-0.2

前年比寄与度

```
13/12  14/12  15/12  16/12  17/12  18/12  19/12  20/12  21/12  22/12（年／月）
```

内失業や不稼働設備に伴う過剰雇用、過剰設備の変化および設備の更新や雇用の正社員化や転職等に伴う資本や労働の質向上、等を通じて、それぞれ潜在成長率に変化をもたらすことが推察される。

　したがって、少なくとも日本では総需要を拡大させることで潜在成長率を押し上げる効果があり、高圧経済の有効性が正当化される。実際、足元ではコロナ禍からの回復などに起因する総需要の拡大が、設備や雇用の不足に伴うTFPの伸び率拡大を通じて潜在成長率を上昇させつつある。

　逆に、デフレギャップ解消前に時期尚早の増税や金融緩和の出口を模索すれば、資本と労働の量的・質的低下により、経済全体でみた供給力の向上はむずかしい。つまり、政策当局の需要拡大政策の持続なしに自律的な民間の供給力向上を期待することはむずかしく、たとえば先にみた内閣府の平成14年度年次経済財政報告（第3章第2節）で指摘されているような供給側の改革さえ進捗させれば潜在成長率が上昇するといった考えは根拠に乏しいといえよう。

　経済の供給力向上は、少子高齢化に加えてパンデミックや戦争に伴う経済社会構造の変化が急速に進行するわが国にとっては必須の政策課題である。しかし、総需要の拡大がまだ不十分ななかで需要喚起策をおろそかにすれば、供給側の改革を進めようとしても潜在成長率も高まりにくいことは今回の分析で確認したとおりである。したがって、わが国が潜在成長率を高めるには、さらなる需要の拡大に務める高圧経済が不可欠といえる。

　しかし、第6章で指摘されている民間資本ストックの伸び加速に軸足を置いた政策を図る観点からすれば、民間の経済活動を締め出す防衛増税等については政策的に改善すべきことが多い。また、アベノミクス以降の金融政策も絶大な効果をあげてきたが、資本投入量の伸びを拡大させるような効果は道半ばである。こうした見地から、①2％のインフレ目標を堅持し、実質金利の低下を通じて企業の前向きな投資を促すことを視野に入れた大胆な金融緩和の継続、②積極財政への転換とともに、需要喚起効果の高い減税を中心とした財政政策の拡大、といった高圧経済政策が強く求められる。

　このように、効果的に財政政策を拡大し、大胆な金融緩和の継続の合わせ

技で資本と労働の潜在投入量と生産性の伸びを加速させることが、日本経済にとって必要な政策運営といえよう。

3 日本が可能な高圧経済の余地

(1) 重要なのはインフレ率とGDPギャップ

2022年の英国では、トラス新政権誕生に伴い大規模な財政出動方針が打ち出されたことをきっかけに、金利上昇（国債価格下落）、通貨安、株安のトリプル安が同時に進行するいわゆる英国売りにより金融市場が混乱した。こうしたことによって、日本も大規模な財政出動を打ち出せば、トリプル安を招く懸念があると高圧経済に批判的な向きもある。

そもそも、日本や英米の政府は家計や企業と違って中央銀行が通貨発行権をもち、自国通貨を発行することで債務を返済できるが、政府が支出を野放図に拡大すると、いずれ需要超過となって高インフレとなる。そうなると、政府はインフレ率が行き過ぎないようにするために財政支出を抑制しなければならず、中央銀行も金融を引き締めなければならない。つまり、政府の財政支出の制約となるのはインフレ率である。

そこで、主要先進国のCPIインフレ率を比較すると、**図表8－10**にみるように、欧米ではインフレ率が＋8％から＋10％台に到達している。このため、当時の欧米のように、需給ひっ迫によりインフレ率が目標の＋2％を大きく超えてしまっている国は、財政出動が限界にきていたといえる。

しかし、日本の場合はインフレ率がそこまで上がっていない。コストプッシュ型のインフレにより一時的にインフレ目標＋2％を超えたが、輸入物価の上昇に伴うインフレであるため持続性は低い（日経センターのESPフォーキャスト2023年8月調査によれば、消費者物価上昇率のエコノミストコンセンサスは24年度＋1.71％）。

このように、英米と日本のインフレ率に格差が生じた一因として、英米では需要超過の経済になっていたのに対し、日本は依然として需要不足の経済状況になっていたことがある。このため、財政の予算制約を考えるうえで

図表 8 －10　主要先進国のCPIインフレ率

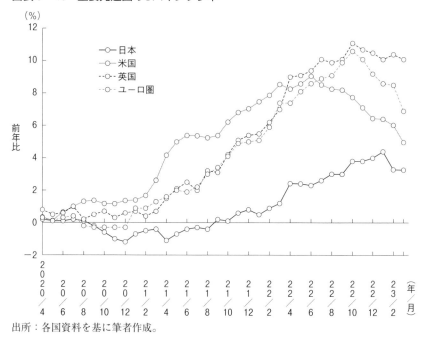

出所：各国資料を基に筆者作成。

は、表面上のインフレ率に加えて、GDPギャップの動向も重要になってく
るだろう。実際のインフレが行き過ぎているかどうかをみるうえで、コスト
プッシュ型のインフレが捨象されるうえ、実際のインフレ率よりも先行して
動く性質があるためである。

　そこで、国際比較可能なIMFのGDPギャップで比較すると、**図表 8 －11**
にみるように、米国・英国・ユーロ圏とも2022年時点で需要超過によりイン
フレ率が加速した一方、日本では22年時点でも大幅な需要不足が続いていた
ことがわかる。

　特に日本の場合、より詳細に1990年代後半以降の内閣府版GDPギャップ
と消費者物価インフレ率との関係をみると、**図表 8 －12**にみるように、
GDPギャップがインフレ率に対して 2 四半期ほど先行して動いており、イ
ンフレ目標＋ 2 ％を達成するにはGDPギャップも大幅なインフレギャップ

図表8 −11　主要先進国のGDPギャップ

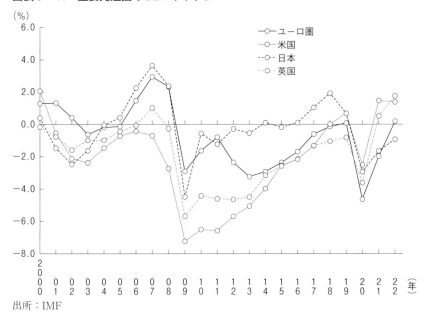

出所：IMF

が必要になるという関係がある。

　つまり、インフレ率を＋2％程度に安定させるには、内閣府が推計する
GDPギャップを解消してからさらに大幅な需要超過が必要となる。このた
め、内閣府が推計するGDPギャップを基準とすれば、ギャップを解消して
もそこから大幅な需要拡大が持続しないうちは、消費者物価指数のインフレ
率はコストプッシュインフレ一巡後に＋2％に安定しないことになり、日本
の場合はそれだけまだ高圧経済の余地があるということになる。

(2)　日本で高圧経済が進みにくい理由

　しかし、日本において高圧経済政策の環境はいまのところ整っているとは
言いがたい。この理由として、デフレギャップが存在するなかでも、プライ
マリーバランス（以下、PB）黒字化が重視されていることが指摘できる。

　こうしたなかで、頼るべきは先にみたとおりインフレ率とGDPギャップ

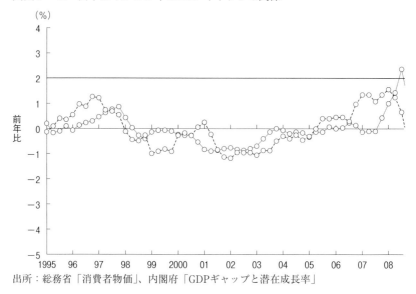

図表 8 −12　日本のインフレ率とGDPギャップの関係

出所：総務省「消費者物価」、内閣府「GDPギャップと潜在成長率」

　の関係だろう。これまでのマクロ安定化政策では、財政政策よりも金融政策の機動性のほうが高いため、金融政策が優先される傾向にあった。しかし、サマーズ氏の長期停滞論に基づけば、長期停滞に陥っているなかでは、金融政策のみでは需要喚起の効果が出にくいことも事実である。

　そして、政府と日銀がアコードを結んだアベノミクス下を振り返れば、大胆な金融緩和により極端な円高・株安が是正され、雇用者数が500万人以上増加するという大きな成果をあげた。しかし一方で拙速な消費増税などもあり、＋2％のインフレ目標は達成できなかったといわれているが、**図表8−12のGDPギャップとインフレ率の関係**をみると、インフレ目標＋2％に到達するのに十分な需要超過水準に到達していなかったことがわかる。

　つまり、トータルで13兆円もの負担増となった2回の消費増税をはじめとした不十分な財政政策によりGDPギャップ率が＋2％に到達できなかった可能性があることからすれば、仮にGDPギャップが安定的に需要超過を持続するまで消費増税を先送りすることができれば、アベノミクス下でもインフレ目標＋2％を達成した可能性があるといえる。

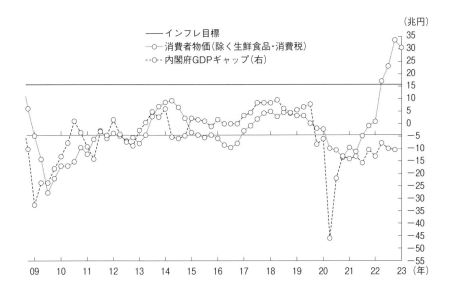

こうしたことからすれば、今後も日銀がインフレ目標＋2％に向けて金融緩和を続けても、GDPギャップの需要超過が安定的に持続する前に財政政策が引き締めに転じてしまうと、日本経済の正常化は困難となる。したがって、日本で高圧経済政策が機能するには、財政規律目標の柔軟化が必要になるだろう。

⑶　財政健全化にも貢献する高圧経済

特に、日本政府はこれまで財政健全化目標として「PB」黒字化と「政府債務残高／GDP比」の安定的引下げを掲げてきた。しかし、コロナショック前までは財政リスクが最も高いイタリアがPB黒字だったことや、海外の主流派経済学者や米財務省が財政健全性を図る指標の重要性を「政府債務残高／GDP」から「政府純利払い費／GDP」にシフトしつつあること等からすれば、日本の財政健全化目標も国際標準に近づけていくことが必要だろう（Furman and Summers（2020））。

事実、**図表8−13**にみるように、G7諸国の「政府純利払い費／GDP」

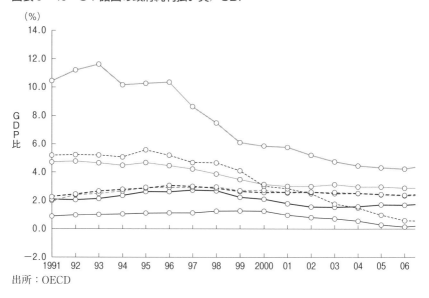

図表 8 −13　G 7 諸国の政府純利払い費／GDP

出所：OECD

　を比較すると、OECDの2022年見通しベースで日本はカナダ、ドイツに次ぐ
３番目に低い水準であり、一方の英国はイタリアに次いで２番目に高い水準
にある。

　ただ、「政府純利払い費／GDP」のみでは、国債の格下げ等により金利が
上がれば債務が大変ということになりかねず、影響は無視できない。その観
点からすると、「PB」や「政府債務残高／GDP」目標の完全撤廃は行き過ぎ
だろう。しかしながら、財政健全化目標が、高圧経済政策を進めるうえでの
支障となってはならない。

　実は、図表 8 −14にみるように、PBとGDPギャップの連動性は高く、経
済が正常化すればおのずと財政も健全化するといった関係がある。実際、
1990年代後半以降のPBと内閣府版GDPギャップの関係をみると、非常に連
動性が高いことがわかる。そして、PBにおける2010年から2013年の下方乖
離は民主党政権によるアンチビジネス政策、2015年から2019年の上方乖離は
アベノミクスによるプロビジネス政策が影響していると推察されるが、考え
方次第ではGDPギャップ対比で財政を引き締め過ぎた可能性も示唆される。

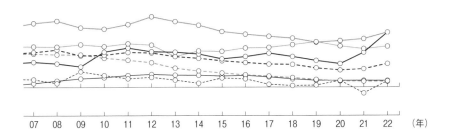

| 07 | 08 | 09 | 10 | 11 | 12 | 13 | 14 | 15 | 16 | 17 | 18 | 19 | 20 | 21 | 22 | (年) |

　このため、当面は高圧経済政策でGDPギャップをプラスにすることを最優先して、財政健全化目標を柔軟化することも検討に値しよう。そして、財政目標は景気動向を配慮したPBにしたほうが適当と思われる。

　国際標準的な考え方に基づけば、需給バランスを考慮した構造的なPB赤字をなくすことを目標にすることが一般的なため、需要不足の状況の際にはPB赤字が許容され、需要不足解消時に赤字が残っていれば、構造的な赤字を解消する必要があると考える。

　そして、構造的PBはGDPギャップを用いて景気動向を調整するのが一般的だが、デフレギャップが存在するなかで無理に財政を緊縮気味に運営してもかえってPB赤字を悪化させることにもなりかねない。

　ブランシャール（2022）が指摘しているとおり、2010年欧州債務危機を受けて財政健全化が実施されたが、この健全化は規制を理由に行われたものであり、強力過ぎたためにEUの回復を遅らせた。これは、いくら財政健全化を強力に進めても需要が減ってしまえば税収が減ってしまうためである。

　こうしたことから、GDPギャップのプラスが達成できれば循環的PBは黒

図表8−14　日本のPBとGDPギャップの関係

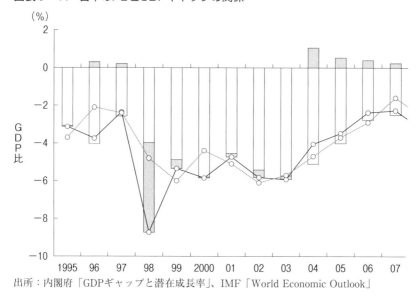

出所：内閣府「GDPギャップと潜在成長率」、IMF「World Economic Outlook」

字化するため、「（GDPギャップがプラスになってから）数年以内に構造的PB
の黒字化を目指す」といった財政健全化目標も1つの案だろう。内閣府版
GDPギャップが安定的に需要超過の水準を維持できるようになれば、CPIの
インフレ率も目標の＋2％に近づこう。そうなれば、高圧経済環境が達成さ
れ、自然と金融政策も出口がみえてくるだろう。そして、GDPギャップが
安定的に需要超過を維持できる局面を迎えれば、財政はまず歳出削減、それ
でも足りなければ増税といったかたちで、財政健全化の姿もみえてくるだろ
う。

■ **4** 結　　語

　以上、本章の分析により、米・日の過去の高圧経済的な局面を抽出するこ
とで、高圧経済的な局面では効果的な財政出動と金融緩和が連携する傾向に
あり、日本ではその局面が非常に限られてきたことがわかった。

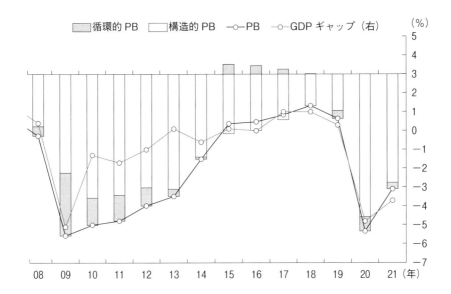

　また、日銀が公表する日本の潜在成長率を構成する要因と実際の経済成長率の時系列データとの関係から、日本の潜在成長率を高めるには、高圧経済的な政策で需要を拡大させることが有効であることを示した。

　そのうえで、内閣府が推計するGDPギャップを用いて日本の高圧経済政策が可能な需要拡大余地の目安を計測し、GDPギャップとプライマリーバランスの関係から将来の財政健全化を進めるうえでも高圧経済が有効な政策である可能性を指摘した。

〈参考文献〉
オリヴィエ・ブランシャール（2022）「債務が危険な水準に達する条件とは」
　FINANCE & DEVELOPMENT March 2022
木野内栄治（2017a）「コラム：株高のカギ握る高圧経済とリパトリ減税」ロイター
木野内栄治（2017b）「コラム：2017年の投資戦略、高圧経済株に標準」ロイター
木野内栄治（2020）「コラム：イエレン氏「高圧経済」論、16年講演が示唆する政
　策展開」ロイター
世界経済白書（各年版）内閣府

内閣府「年次経済財政報告」（平成14年版、平成19年版）

永濱利廣（2014）「「成長の天井」の誤解〜潜在成長率上昇のためには総需要の長期拡大が不可欠〜」第一生命経済研究所

永濱利廣（2021）「格差改善にも効果的な高圧経済〜インフレ目標＋２％とともに必要な政府のGDPギャップ＋２％目標〜」第一生命経済研究所

永濱利廣（2022）「英国と大きく異なる日本の財政状況〜英国の財政リスクはＧ７ワースト２に対して日本はベスト２〜」第一生命経済研究所

Arthur Okun（1973）"*Upward Mobility in a High-Pressure Economy*," Brookings Papers on Economic Activity.

Janet L. Yellen（2016）"*Macroeconomic Research After the Crisis*," Federal Reserve Board.

Jason Furman and Lawrence Summers（2020）"*A Reconsideration of Fiscal Policy in the Era of Low Interest*".

Laurence Ball（2015）"*Monetary Policy for a High-Pressure Economy*," Center on Budget and Policy Priorities.

Summers, Lawrence H.（2015）"*Have We Entered an Age of Secular Stagnation?*" IMF Economic Review 63 pp.277-328.

第 9 章

パンデミック下の積極的な
マクロ経済政策の成功

MCPアセット・マネジメント株式会社　チーフストラテジスト

嶋津　洋樹

本書では、経済を高圧状態にするほど積極的なマクロ経済政策（高圧経済政策）が生産の拡大やそれに伴う設備投資や雇用の増加、それが技術革新を促進し、生産性を向上させるということが紹介されている。しかし、そうした高圧経済は過度なインフレを招くとの批判も少なくない。

　たとえば、財務省（2023）は「米国のインフレの要因として、コロナ対策で莫大な財政支出を行ったことを挙げる議論もある」と３つの論文／レポートを引用し、紹介している。また、平野（2022）は米国政府の債務残高や通貨供給量の大きさを示したうえで、「これだけ経済にお金があふれれば、インフレもやむを得ないところだ」と指摘した。

　たしかにOECD（経済協力開発機構）が集計、公表するＧ７（主要先進７カ国）のCPI（消費者物価）[1]は2022年６月に前年比＋7.8％と約40年ぶりの高い伸び率を記録。特に英国とユーロ圏は2022年10月にそれぞれ前年比＋11.1％、同＋10.6％と２桁台に乗せた[2]。米国とカナダは英国やユーロ圏ほどではないが、2022年６月にそれぞれ前年比＋9.1％、同＋8.1％へ上昇。日本も2023年１月に前年比＋4.3％と1981年12月以来、41年１カ月ぶりの高い伸び率となった。

　本章では、新型コロナウイルス感染症の感染拡大に伴う景気の落ち込みとその後の回復過程を過去の世界的な景気後退期のそれと比較し、主にマクロ経済政策の規模とインフレに注目することで、高圧経済政策が必ずしも高インフレを引き起こすとは限らず、時に低圧経済とも称される、高圧経済状態と反対の需要不足状態を放置するよりも優れた結果を残していることを示す。

1　グローバル景気後退と実体経済

　第１章で紹介されたとおり、景気後退がその後の成長トレンドの下方シフ

1　OECD作成の地域ごとのCPIは購買力平価ベースの家計最終消費支出に基づきウェイト付けし、作成。
2　ユーロ圏はHICPベース。

トを伴うことは少なくない。ラインハート＆ロゴフ（2011）は、それが銀行など、金融システムを通じて、深刻な金融危機を伴う場合、「資産価格、産出高、雇用に長く深刻な後遺症を残していることがわかる」と指摘している。

　そこで以下では、世界的な景気後退期（以下、グローバル景気後退期）の前後でG7の経済成長や労働市場にどのような変化があったのかを確認する。

（1）　5つのグローバル景気後退期

　The World Bank（2019）はグローバル景気後退を「1人当り実質GDP[3]の減少」と定義したうえで、1950年以降では①1975年（第1次石油危機）、②1982年（第2次石油危機、累積債務危機など）、③1991年（湾岸戦争、東欧民主化、北欧銀行危機など）、④2009年（リーマンショック）が該当すると指摘した。

　その後、世界は新型コロナウイルス感染症の感染拡大とそれに伴う大幅な景気の落ち込みを経験するが、The World Bank（2023）の最新データでは前述の①～④に加えて、1974年および2020年の1人当り実質GDPも前年の水準を下回った。つまり、①のグローバル景気後退は1974年から始まり、⑤2020年の新型コロナウイルス感染症の感染拡大（以下、パンデミック）に伴う世界的な景気の落ち込みが5番目のグローバル景気後退として新たに加わったことになる。

　なお、国立感染症研究所（2020）によると、2020年は前年12月に中国の武漢で報告された新型コロナウイルス感染症の感染が全世界に広がり、1月30日には世界保健機関（WHO）が「国際的に懸念される公衆衛生上の緊急事態（PHEIC）」を宣言。さらに3月11日にパンデミック（世界的な大流行）とみなせると表明し、各国で都市封鎖や移動制限などが導入されていた。

（2）　成長トレンドの下方シフトを回避

　G7の1人当り実質GDPについて、四半期や国ごとのデータ分析が可能

3　平均値ではなく、合算値を使用。特に説明がない限り、以下同じ。

な1980年以降を**図表9－1**で確認すると、③90年代初頭と④リーマンショック時のグローバル景気後退期の前後で成長トレンドが下方シフトしていた。たとえば、1991年を挟む前後5年間の平均伸び率は前年比＋2.9％から同＋1.6％へ低下し、2009年の前後5年間では同＋1.4％から同＋1.3％へと伸びが鈍化した。

　一方、②80年代初頭のグローバル景気後退期では成長トレンドが上方シフトのように見えるが、実際にはそれ以前の経済状態によってそう見えるだけである。The World Bank（2019）によると、当時は1979年に石油価格が急騰した影響などで1980年4－6月期（前期比－4.8％）と1981年4－6月期（同－0.3％）に世界の1人当り実質GDPが減少するなど、すでに世界的な景気の弱さが顕在化していたという。それはグローバル景気後退期を挟んで成長トレンドが上方シフトしたのではなく、脆弱な景気回復がグローバル景気

図表9－1　G7：1人当り実質GDP（購買力平価ベース）

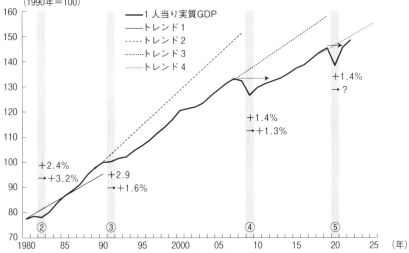

注1：シャドー部分はグローバル景気後退期で、②〜⑤は本文に対応。
注2：トレンド1〜4は直前の景気回復期に基づく推計値。
注3：グラフ中の数値はグローバル景気後退期の前後5年の平均伸び率。
出所：OECD "Annual National Accounts," Apr 2023、"Quarterly National Accounts," Jun
　　　2023、Refinitiv、MCPAMJ

後退という大きな落ち込みを経て終了したにすぎない。

他方、⑤コロナ禍の直前5年間の1人当り実質GDPの平均伸び率が前年比＋1.4％であったのに対し、2021年は同＋5.2％、2022年は同＋1.9％と、いまのところ成長トレンドの下方シフトはみられていない。

2023年から2025年の伸び率が平均でゼロ％を下回れば話は変わるが、1950年以降、世界の「1人当り実質GDPの減少」と定義されるグローバル景気後退がほぼ10年に1度の頻度でしか起こっていないことをふまえれば、2020年のパンデミックを挟んだ前後の1人当り実質GDPの成長トレンドは上方シフトする可能性が高い。

しかも、1人当り実質GDPの直前ピークからボトムまでの落ち込み幅を四半期データで確認すると、②が1.1％、③が0.5％、④が5.6％、⑤が12.2％と、直近のパンデミック時のグローバル景気後退期が最も深刻であったにもかかわらず、ボトムからピークを回復するまでに要した期間は5四半期と、④（18四半期）の3分の1程度ですんだ。

(3) 成長回帰をもたらしたマクロ経済政策

あらためて**図表9－1**をみると、③90年代初頭と④リーマンショック時のグローバル景気後退期では直近のピークを回復したものの、景気後退に陥る前の成長軌道へ戻ることはなかった。しかし、今回はほぼ元の成長軌道へ回帰している。こうした背景に積極的なマクロ経済政策があったと筆者は考えている。

実際、G7のプライマリーバランス（名目GDP比、景気循環調整ずみ）は**図表9－2**に示したとおり、2019年の－2.2％から2020年にはリーマンショック後の2010年（－5.0％）を上回る－7.4％まで赤字幅が一気に拡大した。同時期のG20も積極的な財政政策を打ち出したが、2021年にはその一部が巻き戻されており、G7が相対的に緩和的な財政政策を維持したのと違いが出た。

なお、IMF（2021a）によると、各国政府がパンデミックへの対応として2020年1月以降、2021年9月27日までに打ち出した財政政策はGDPに直接

図表 9 − 2　G 7 ：プライマリーバランス（景気循環調整ずみ）

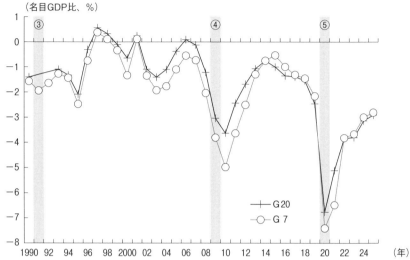

（名目GDP比、％）

注 1 ：シャドー部分は景気後退期で、グラフ中③〜⑤は本文に対応。
注 2 ：2023年以降はIMF予測。
出所：IMF "Fiscal Monitor," Apr 2023、Refinitiv、MCPAMJ

図表 9 − 3　G 7 ：GS・FCI

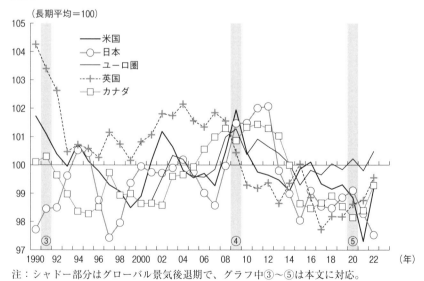

（長期平均＝100）

注：シャドー部分はグローバル景気後退期で、グラフ中③〜⑤は本文に対応。
出所：ブルームバーグ、MCPAMJ

影響する「真水」だけで約10.8兆ドル、企業や個人などへの流動性支援など
を含めると約16.9兆ドルにのぼり、その名目GDP比はそれぞれ10.2％、
16.4％に達するという。

　一方、金融政策をG7の金融環境指数（FCI）で確認すると、**図表9－3**
に示したとおり、2020年こそユーロ圏で長期平均の100を上回り、引き締め
的な金融環境となったが、2021年にはG7のすべての国・地域で100を下回
り、緩和的な金融環境となったことが確認できた。これを③90年代初頭や④
リーマンショック時のグローバル景気後退期およびその翌年と比較すると、
パンデミック以降の金融環境が過去にないほど緩和的だったことは一目瞭然
である。

　G7の1人当り実質GDPはパンデミックに伴う深刻な景気後退にもかか
わらず、過去にないほど積極的なマクロ経済政策が奏功し、その落ち込みを
早期に取り戻したうえ、成長トレンドの下方シフトという後遺症がないどこ
ろか、元の成長軌道に回帰することにも役立ったといえる。

⑷　パンデミック後の労働市場は順調に回復

　次に労働市場を比較する。**図表9－4**は失業率を示すが、いずれもグロー
バル景気後退を経て、上昇し、その後、低下している。

　しかし、パンデミック以降の失業率の低下ペースは前2回のグローバル景
気後退期の後に比べて急激で、2022年にはパンデミック直前の2019年の水準
を下回るまで改善した。パンデミック以降の失業率の悪化が前2回よりも深
刻であったことをふまえれば、その回復ペースの速さは比べるべくもない。
そして、こうした失業率の急激な低下は、前述の1人当り実質GDPの順調
な回復と整合的で、やはり積極的なマクロ経済政策が功を奏したと考えられ
る。

　もちろん、マクロ経済政策の有効性を考えるうえで、前2回のグローバル
景気後退が主に需要ショック、今回のそれが供給ショックに起因するという
違いは無視できない。しかし、第1章で触れられているとおり、いずれの場
合も持続的に経済水準を低下させるという傾向がある以上、積極的なマクロ

図表 9 － 4　G 7 ：グローバル景気後退期の失業率

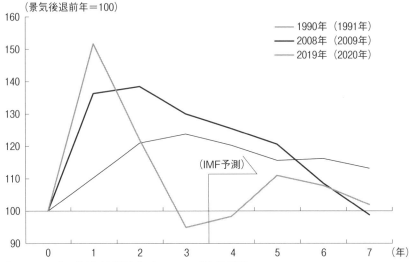

注：グラフ中の凡例は括弧内がグローバル景気後退期。
出所：IMF "World Economic Outlook," Apr 2023、Refinitiv、MCPAMJ

経済政策を抜きにパンデミック以降の景気の順調な回復は実現しなかった可能性が高い。

　その最も直接的な効果は、**図表 9 － 5** に示したとおり、景気後退にもかかわらず、倒産件数が大幅に減少したことだろう。

　特に前回2008年から2009年と比べると差は歴然で、IMF（2021c）によると、1990年から2019年のうち、前回のリーマンショックに絡む2007年から2008年を除く景気後退期[4]でも倒産件数は増加したという。倒産件数の増加は失業者数の増加に直結するため、それを未然に防ぎ、むしろ減少させたことは労働市場の回復に大きく寄与したと考えられる。

　なお、第 7 章で紹介されたとおり、不況期の創造的破壊がイノベーションを推進するという考え方は個別企業に限れば当てはまるが、マクロのレベルでの実証的な裏付けには乏しい。また、いわゆるゾンビ企業は景気後退のよ

4　「実質GDPが 2 四半期以上連続で前期比マイナス」と定義。

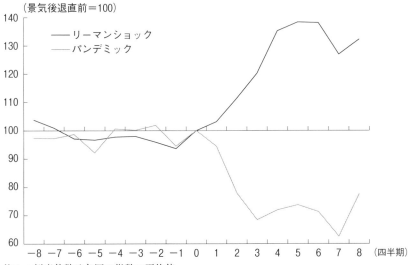

図表 9 － 5　先進国：倒産件数（パンデミックvs.リーマンショック）

注 1 ：倒産件数は各国の指数の平均値。
注 2 ：13カ国はRefinitiv収録の日本、米国、英国、ドイツ、フランス、オランダ、ベルギー、フィンランド、スウェーデン、ノルウェー、デンマーク、豪州、カナダ。
注 3 ：パンデミックの「景気後退直前」は2019年第 4 四半期、リーマンショック時は2007年～ 2008年の間で実質GDPの水準が最も高い時点。
出所：各国統計局、米裁判所事務局、東京商工リサーチ、INSEE、英倒産サービス局、豪証券投資委員会、Refinitiv、MCPAMJ

うな不況期でも存続し、むしろ生産性の高い優良な企業が退出するという。

　企業倒産や失業がそれぞれの人的なつながりや販売網、ノウハウなどの蓄積を散逸させるため、それを緩和的なマクロ経済政策で最少化することは、短期的な景気回復に資するだけではなく、イノベーションや生産性を通じて、長期的な景気の底上げにもつながるといえるだろう。

⑸　名目賃金の伸びが加速

　G 7 の名目賃金（週給、製造業、以下同じ）は**図表 9 － 6** に示すとおり、パンデミックに伴うグローバル景気後退期を挟んで伸びが大幅に加速している。これは少なくとも過去 2 回のグローバル景気後退期の前後ではなかった。

図表 9 - 6　G 7 ：週給（製造業）

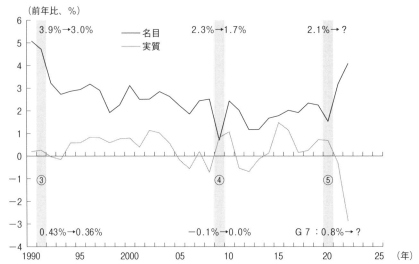

注 1 ：シャドー部分はグローバル景気後退期で、グラフ中③〜⑤は本文に対応。
注 2 ：それぞれのCPI（総合）で実質化。
注 3 ：グラフ中の数値はグローバル景気後退期前後 5 年の平均伸び率。
出所：OECD "Main Economic Indicators"、Refinitiv、MCPAMJ

　実際、③90年代初頭のグローバル景気後退期では、直前 5 年間の名目賃金
の平均が前年比＋3.9％であったのに対し、直後 5 年間の平均は同＋3.0％で
あった。また、④リーマンショック時では前年比＋2.3％から同＋1.7％へと
鈍化した。

　一方、⑤のパンデミック以降の名目賃金は2021年が前年比＋3.2％と1992
年以来の高い伸び率を記録したうえ、2022年は同＋4.1％へ一段と伸び加速
した。日本を除く G 7 の中央銀行がいずれも2025年にようやく物価安定の目
標を達成すると予想していることをふまえると、名目賃金が今後、鈍化する
ことはあっても、パンデミック前の 5 年間の平均である前年比＋2.1％を下
回るとは考えにくい。

⑹　インフレの主因は供給に

　名目賃金とは異なり、過去 2 回のグローバル景気後退期の実質賃金は明確

なトレンドの変化は確認できない。

　一方、パンデミック以降の実質賃金の伸びは大幅に減速した。その原因は名目賃金の伸び率を上回るCPI（総合）にある。実際、G7のCPI（総合）は2022年に前年比＋7.1％と、前述した名目賃金の伸び率を大幅に上回り、実質賃金を減少させた。

　しかし、パンデミック以降の高インフレの主因は積極的なマクロ経済政策がつくりだした需要ではなく、米中対立の激化や特定の国・地域に対する一極集中のリスクの見直しに伴うサプライチェーンの再構築など、供給にあったと考えられる[5]。

　たとえば、NY地区連銀が世界的なサプライチェーンにかかる圧力を示すために各種輸送コストやPMIなどを組み合わせて作成、公表するGSCPI（グローバル・サプライチェーン・プレッシャー・インデックス）は2019年を通じて、ほぼ長期的な平均であるゼロ近辺で推移していたにもかかわらず、2020年3月には3.04ポイントまで上昇。2020年後半にはいったん1ポイントを下回る水準まで低下したが、その後、再び上昇し、2021年12月には4.32ポイントと統計でさかのぼれる1997年9月以降で最高を更新した。

　また、代表的なエネルギーである原油価格は、OPEC加盟国とロシアなどの非加盟国とで構成されるOPECプラスが2020年4月に世界の石油生産量の約1割に相当する日量970万バーレル以上の大幅減産に合意したことで徐々に回復。OPECバスケット価格は一時、1バーレル＝12ドル台まで下落したが、減産が開始された5月には同30ドル近辺、6月には同40ドル近辺まで上昇した。

　OPECプラスはその後、徐々に減産幅を縮小させたが、そのペースは慎重で需給バランスのひっ迫した状況が続いた。2022年2月にロシアがウクライ

5　Bernanke and Blanchard（2023）は経済モデルを使った米国の分析で「労働市場の過熱によってインフレに拍車がかかるという初期の懸念に反して、2021年に始まったインフレ率の急上昇のほとんどは、商品価格の急騰や部門別の不足など、物価や賃金へのショックの結果であったことがわかった」とし、積極的な財政政策が需要を増加させ、金融緩和の効果とともに過度インフレを引き起こすという自らの当初の指摘が誤っていたことを認めている。

ナに侵攻すると、地政学的リスクの高まりに加え、主要国の対露経済制裁も重なり、供給が一段とひっ迫した。ロシアは原油以外にも天然ガスやレアメタル、穀物などでも主要な輸出国の一角を占めているため、需給ひっ迫と価格上昇は原油以外にも広がった。

　少なくとも原油についていえば、OPECプラスが価格を重視する姿勢を示している以上、各国が景気支援策を打ち出さず、景気の低迷が続いても、供給の抑制を通じて、価格が下支えされた可能性が高い。

　また、ロシアが経済ではなく、プーチン大統領の歴史観や安全保障を理由にウクライナ侵攻へ踏み切ったと考えられている以上、パンデミック以降の高インフレと積極的なマクロ経済政策とに直接的な因果関係は見当たらない。

　こうした供給の影響の大きさは、G7のCPI（総合）から食料とエネルギーの影響を除いたコアが2021年に前年比＋2.6％、2022年でも同＋4.9％にとどまり、総合の同＋3.5％、同＋7.1％を下回ることからも明らかだ[6]。

　G7の名目賃金をCPIコアで実質化すると、2021年の実質賃金は前年比＋0.6％、2022年は同－0.8％となり、その2年間の平均値は同－0.1％とわずかなマイナスにとどまった。それでもパンデミック前の5年間の実質賃金の平均値を下回るが、サプライチェーンの再構築に伴う影響が半導体など食料やエネルギー以外にも及んでいたことをふまえると、積極的なマクロ経済政策が過度なインフレを引き起こし、実質賃金を減少させたという批判には無理がある。

　それどころか、積極的なマクロ経済政策は1人当り実質GDPや名目賃金の伸びがグローバル景気後退を経て下方シフトすることを回避し、倒産を減少させるとともに失業率の早期低下にも寄与した。Guerrieri et al.（2020）が指摘するとおり、パンデミックで引き起こされた供給ショックがその

6　ラインハート＆ロゴフ（2011）はインフレ危機について、「12カ月間で20％以上」と定義している。G7の2022年のCPI（総合）は前年比＋7.1％と非常に高い水準であることに異論はないが、危機的なほどの高さの半分以下の水準にとどまる。そういう意味でも高圧経済政策が過度なインフレを招くという批判はかなり誇張されている。

ショックよりも大きな需要の減少を引き起こすとすれば、なおさら積極的な
マクロ経済政策が正当化されるだろう。

2　パンデミック下の経済パフォーマンス

　第1節で示したとおり、主要国はパンデミック以降、積極的なマクロ経済
政策に支えられ、過去のグローバル景気後退期にみられた1人当り実質
GDPや名目賃金の伸びの下方シフトを回避し、倒産を減少させるとともに
失業率の早期低下にも成功した。しかし、それも国・地域別にみると濃淡が
あり、一様ではない。

　特にG7諸国からイタリアとカナダを除いたG5で比較すると、日本とド
イツはパンデミックに伴うグローバル景気後退からの回復で苦戦が目立つ。
対照的に米国はほぼすべての経済指標で順調な回復が示された。

⑴　米国景気が最も順調に回復

　たとえば、G5の1人当り実質GDPを直前のピークからの落ち込み幅で
比較すると、**図表9－7**で示したとおり、米国が9.8％と最も軽微で、日本
（9.9％）、ドイツ（10.8％）、フランス（18.2％）、英国（23.3％）と続く。

　日本の1人当り実質GDPの落ち込み幅は米国とほぼ同じで、ドイツもわ
ずか1％ポイントの差にとどまるが、米国が2021年4－6月期に直前のピー
クを回復したのに対し、日本は2023年1－3月期にようやくパンデミック直
前のピークに達し、日米を除く3カ国は2023年1－3月期の時点でもパンデ
ミック直前のピークを回復していない。

　それでもフランスは、パンデミック直前のピークまで残り0.3％ポイント
の水準まで回復。一方ドイツは1.8％ポイント、英国は1.9％ポイントと苦戦
が続く。ドイツは1人当り実質GDPの落ち込みが米国、日本に次いで相対
的に軽微だったにもかかわらず、そこからの回復では最も深刻な落ち込みを
経験した英国と競っている。

　同様にG5の実質雇用者報酬を比べると、**図表9－8**に示すとおり、直前

図表 9 － 7　G 5 ： 1 人当り実質GDP （各国GDP／人口）

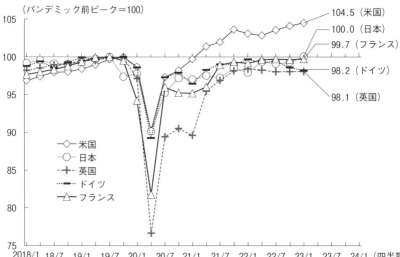

（パンデミック前ピーク＝100）

出所：OECD "Quarterly National Accounts, Jun 2023"、Oxford Economics、Refinitiv、
　　　MCPAMJ

図表 9 － 8　G 5 ：実質雇用者報酬

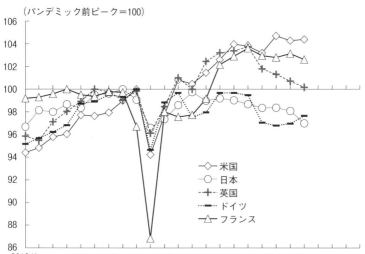

（パンデミック前ピーク＝100）

注：民間最終消費支出デフレータで実質化。
出所：OECD "Quarterly National Accounts, Jun 2023"、Refinitiv、MCPAMJ

のピークからの落ち込みでは日本が3.4％と最も軽微で、英国（3.9％）、ドイツ（5.4％）、米国（5.8％）と続く。そして、フランスは13.2％と群を抜く深刻な落ち込みを経験した。

　ところが、そのフランスはボトムから5四半期後の2021年7－9月期には直前のピークを回復。一方、日本とドイツは2023年1－3月期時点でも実質雇用者報酬はパンデミック直前のピークを回復していない。

　米国と英国の実質雇用者報酬がパンデミック直前の水準を回復したのは、G5のなかで最も早い2020年10－12月期。米国の落ち込みが英国よりも深刻だったことをふまえれば、実質雇用者の回復でも米国が最も順調だったといえるだろう。

⑵　パンデミック以降の景気は
　　マクロ経済政策運営の巧拙を反映

　こうしたパンデミック以降の回復ペースの違いは、新型コロナウイルス感染症の感染拡大防止策の一環として導入された移動制限の厳しさや、安全保障などの観点で関係の見直しが続くロシアや中国との経済的な結びつきの強さなど、マクロ経済政策以外の個別の事情からも生じうる。しかし、マクロ経済政策の違いも大きい。

　まず、G5の金融政策の違いをFCIで確認する。具体的には**図表9－9**で、2019年から2022年の金融環境について、水準を横軸、変化率を縦軸として示している。

　前述したとおり、米国はG5のなかでパンデミック以降の経済的なパフォーマンスが最も良好であったが、その米国が2021年にかけて最も積極的に金融環境を緩和させていた。一方、ユーロ圏の金融環境は2019年以降、2022年まで一貫して最も引き締まっており、ドイツがパンデミックに伴う景気後退からの回復に苦戦していることと整合的である。

　日本の金融環境は2022年の段階でこそ、G5のなかで最も緩和的となっていたものの、パンデミック当初の2020年の時点では必ずしも十分ではなかった。日本がパンデミックに伴う景気後退からの回復で出遅れたのは、緩和的

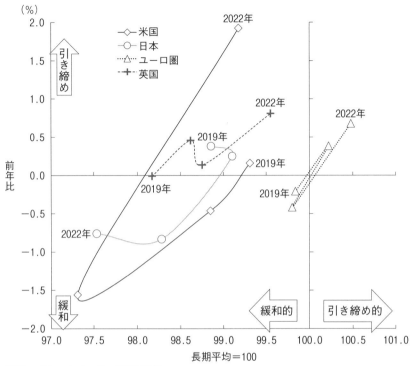

図表 9 - 9　G 5：GS・FCI

（%）

（凡例）
◇―米国
○―日本
△―ユーロ圏
+―英国

前年比

長期平均＝100

引き締め

緩和

緩和的

引き締め的

2022年
2019年
2022年
2019年
2022年
2019年
2019年
2022年

出所：ブルームバーグ、MCPAMJ

な金融環境を提供するという初動の遅さが一因だろう。

　対照的に、英国は2019年の段階で最も緩和的な金融環境を享受していたが、その後はほぼ一貫して引き締められた。英国が1人当り実質GDPでも実質雇用者報酬でも当初はV字回復を実現しながらも、それを持続できなかったのは金融環境の時期尚早な引き締めに原因がありそうだ。

　また、この間の財政政策を景気循環の影響を調整したプライマリーバランスで比較すると、**図表 9 - 10**に示したとおり、英国は2020年にG5のなかで最も積極的に緩和する一方、2021年にはその半数程度を巻き戻し、2022年にはさらに財政政策を正常化した。

　一方、2020年の米国の財政政策は英国ほど積極的ではなかったが、巻き戻

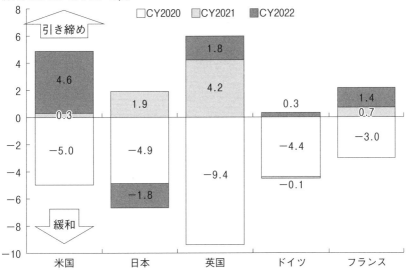

（名目GDP比、前年差、%pt）

出所：IMF "Fiscal Monitor," Apr 2023、Refinitiv、MCPAMJ

しには慎重で、2022年にようやく本格的な正常化へ踏み切った。米国のマクロ経済政策は金融政策、財政政策とも初動が大胆なうえ、2021年までは緩和を維持するという点で共通しており、それがG5のなかで最も順調な回復につながったと考えられる。

　日本の財政政策は2020年こそ米国に匹敵する規模の緩和へ踏み切ったが、2021年にその3分の1程度を巻き戻し、2022年に再び緩和へ転じている。日本は財政政策の一貫性のなさに加え、金融政策とのポリシーミックスのちぐはぐさがパンデミックに伴う景気の落ち込みからの回復の遅れにつながっている。

　ドイツの2020年のプライマリーバランスは英国の赤字幅の半分以下にとどまるが、日米との差は大きくなく、フランスは上回っている。フランスが2021年以降、財政政策の正常化へかじを切ったことをふまえれば、ドイツの1人当り実質GDPや実質雇用者報酬での回復のもたつきは説明がむずかしい。

図表 9 −11で2019年以降のドイツとフランスの倒産件数を比べると、ドイツは減少ペース、減少幅のいずれでもフランスに劣後している。筆者はその原因について、財政政策ではなく、企業支援の違いにあると考えている。

　実際、IMF（2021b）によると、ドイツもフランスも2020年 3 月以降、相次いで景気支援策を導入。図表 9 −10のプライマリーバランスで示されたとおり、「真水」の規模はドイツがフランスに勝っていた。

　しかし、民間部門に対する支払猶予や信用保証など「真水」以外の支援の詳細をみると、フランスが銀行の貸出などに直接的に公的保証を与えたのに対し、ドイツは新たに経済安定基金（WSF）を創設したり、ドイツ復興金融公庫（KfW）を通じたりして公的保証を拡充。その規模はフランスが名目GDP比で約15％、ドイツが約24％とドイツが勝っていたが、実際に使用されたのはHong and Lucas（2023）[7]によると、名目GDP比でフランスが

図表 9 −11　G 5 ：倒産件数

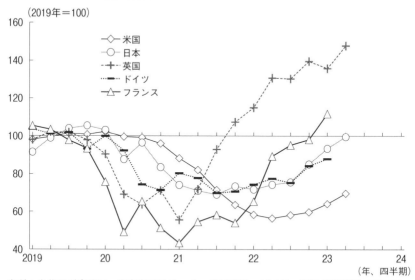

出所：米裁判所事務局、東京商工リサーチ、英倒産サービス局、独連邦統計局、INSEE、
　　　Refinitiv、MCPAMJ

7　本文では、財政政策単体の規模よりも、民間部門に対する支払猶予や信用保証などの
　支援と組み合わせた規模のほうが実質GDPを左右することが示されている。

6.9％、ドイツが1.5％と圧倒的にフランスが多かった。

　図表 9 −12は、2020年以降の失業率（全年齢ベース）の推移を月次で示している。

　それによると、米国は2020年 4 月という新型コロナウイルス感染症の世界的な感染拡大の初期の段階で失業率が既往ピークの14.7％に達した。それ以外の G 5 の国で失業率が最も早くにピークをつけたのはドイツとフランスで2020年 8 月だが、その水準はそれぞれ3.9％、9.0％と米国を下回った。欧州は一般的に米国よりも解雇規制が厳しく、そのことがピーク時における失業率の水準の差につながっていると考えられる。

　また、G 5 のなかで失業率が2019年の平均値を最も早く下回ったのはフランスで2020年10月だった。それは前述したとおり、民間部門向けの支援が奏功し、倒産が大幅に抑制されたことも大きいが、そもそもの失業率が G 5 のなかで最も高いこととも無縁ではない。

　フランス以外では、英国が2022年 1 月、米国が同 3 月、ドイツが2023年 4

図表 9 −12　G 7 ：パンデミック期の失業率（全年齢）

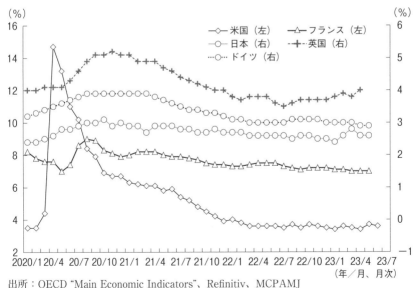

出所：OECD "Main Economic Indicators"、Refinitiv、MCPAMJ

月にそれぞれ2019年の平均失業率を下回った。一方、日本は2023年5月時点でもパンデミック前の失業率を上回っている。

　こうした違いはマクロ経済政策の初動の早さと規模、その巻き戻しのタイミング、ポリシーミックスの一貫性に起因していたといえる。

　もちろん、ドイツ経済がパンデミックに伴うグローバル景気後退期を挟んで回復に苦戦しているのは、もともとG7のなかで中国およびロシアとの経済的な結びつきが強く、米中対立の激化に伴うサプライチェーンの見直しやウクライナ戦争後の対露制裁の影響を受けやすかったということと無関係ではないだろう。しかし、そうした逆風があればなおさら、緩和的なマクロ経済政策が不可欠だったと考えられる。

　なお、ドイツのマクロ経済政策が稚拙で結果的に1人当り実質GDPや実質雇用者報酬などでみたパフォーマンスが米国に大きく劣後しているにもかかわらず、ドイツのCPIは総合、コアのいずれでも米国を上回っている。

　このことは、マクロ経済政策が過度なインフレやデフレなど、好ましくない結果を引き起こすかどうかは、どのような政策を採用するかと同じかそれ以上に運営が適切かどうかに依存していることを示している。

3 ┃ 高圧経済政策と米国の労働市場

　第2節で示したとおり、米国はパンデミックに伴うグローバル景気後退以降に積極的なマクロ経済政策を採用し、景気後退に伴う成長トレンドの下方シフトなどを回避できた。

　特に労働市場の改善は顕著で、失業率は2020年7月にいったん14.7％まで上昇したが、2022年の半ばにはパンデミック直前の3.5％近辺まで低下した。リーマンショック時の失業率のピークが2009年10月の10.0％と今回の水準よりも低かったにもかかわらず、6％を下回るまでに約5年、元の4％台半ばに到達するまでさらに2年程度の時間が必要だったことをふまえれば、今回の雇用の回復力の強さは特筆に値する。

平均時給で浮かび上がる格差の縮小

　雇用の回復が賃金の大幅な上昇を伴っていることも重要だ。実際、パンデ
ミック前の平均時給が前年比＋３％前後であったのに対し、パンデミック以
降は同＋５％前後での推移が続いた。たしかにCPIで実質化した平均時給は
2021年４月以降、減少が続くが、力強い雇用の回復に支えられ、実質雇用者
報酬はパンデミック前のペースを上回って増加している。

　賃金をめぐっては、新型コロナウイルス感染症の感染拡大を抑制する目的
で都市封鎖などの極端な移動制限が実施されたことやソーシャルディスタン
スの確保のために相対的に賃金水準や伸びの低い接客業などで解雇が急増し
たことで、ゆがみが生じているとの指摘も少なくない。

　しかし、パンデミック以降の回復局面ではそうした業種で人手不足が深刻
化し、平均時給の伸びが加速。コロナ禍での移動制限の反動もあり、人々の
嗜好がいわゆる「モノ消費」から「コト消費」へシフトしたことも接客業な

図表９−13　米国：平均時給（平均時給の各四分位層における中間値）

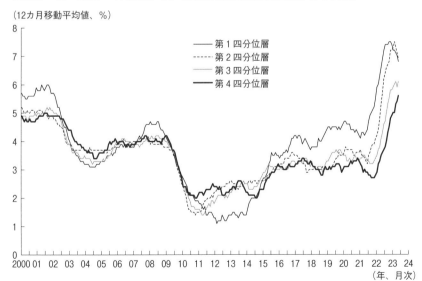

（12カ月移動平均値、％）

注：データの詳細はアトランタ地区連銀のウェブサイトを参照。
出所：アトランタ地区連銀 "Wage Growth Tracker"、Refinitiv、MCPAMJ

ど一部の業種での人手不足に拍車をかけた。平均時給の上方シフトは新型コ
ロナウイルス感染症の感染が拡大した直後こそ、単なる統計的な特殊要因に
すぎなかったが、移動制限が緩和・撤廃され、経済活動が正常化しても元に
は戻っていない。

　アトランタ地区連銀の"Wage Growth Tracker"に基づくと、パンデミッ
ク以降の平均時給の伸び率の高さは水準と真逆の関係。つまり、**図表9－13**
で示されたとおり、平均時給の水準が低い層ほど、その伸び率は高い（第
1四分位層が最低所得層で第4四分位層が最高所得層）。こうした傾向はパンデ
ミック前の2015年頃からみられたものの、リーマンショック後の回復局面で
は平均時給の水準が低い層がその伸び率も最も低く、今回とは様相がまった
く異なっていた。

　また、**図表9－14**で平均時給の伸びをスキル別に比較すると、統計でさか
のぼれる1997年12月以降、パンデミック直前まではほぼ一貫して高スキル労

図表9－14　米国：平均時給（各スキルにおける中間値）

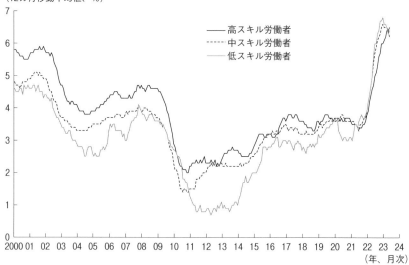

（12カ月移動平均値、％）

凡例：
高スキル労働者
中スキル労働者
低スキル労働者

（年、月次）

注：データの詳細はアトランタ地区連銀のウェブサイトを参照。
出所：アトランタ地区連銀"Wage Growth Tracker"、Refinitiv、MCPAMJ

働者の伸び率が最も高く、低スキル労働者のそれが最も低い。しかし、パンデミック以降の回復局面ではそれが逆転し、特に2022年には高スキル労働者の平均時給と低スキル労働者の平均時給との間に１％ポイント程度の差が出る月もある。

　低スキル労働者の業務はパンデミック下で在宅勤務が困難ということが多く、解雇などの憂き目に会うことも少なくなかったと考えられるが、そうした労働者に最も回復の恩恵が及んでいる。

　すでに第１章で言及されたとおり、もともと非白人や低学歴の労働者は景気変動に感応的であるとの指摘は少なくないが、それでも従来の回復局面では白人や高学歴の労働者に賃金の伸びが劣後していた。

　しかし、今回の回復局面では、**図表９－15**および**図表９－16**でみられるとおり、非白人や高卒以下の学歴の労働者の平均時給が白人や大卒以上の学歴の労働者のそれを上回っている。それはまさに第１章や第４章で触れたとお

図表９－15　米国：平均時給（それぞれの人種の中間値）

（12カ月移動平均値、％）

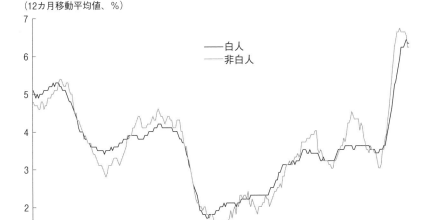

注：データの詳細はアトランタ地区連銀のウェブサイトを参照。
出所：アトランタ地区連銀 "Wage Growth Tracker"、Refinitiv、MCPAMJ

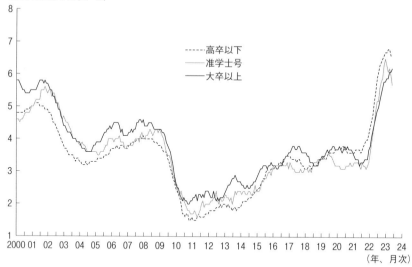

図表 9 - 16 米国：平均時給（各学歴の中間値）

（12カ月移動平均値、%）

注：データの詳細はアトランタ地区連銀のウェブサイトを参照。
出所：アトランタ地区連銀 "Wage Growth Tracker"、Refinitiv、MCPAMJ

りで、高圧経済の実現が経済的な格差を広げるどころか、その逆であること
を示している。

　なお、パンデミック後の平均時給の高い伸びについては、Mitchell et
al.（2021）やPowell（2022）などのように積極的なマクロ経済政策が需要を
押し上げた結果ではなく、大規模な給付金や失業保険の拡充が労働者の就労
意欲を低下させ、労働供給が減少した結果ではないかとの批判も少なくな
い。

　しかしAlbert et al.（2022）は、トランプ政権下の2021年3月にコロナ対
策第3弾として成立したCARES法やバイデン政権下の大型経済対策で失業
保険が拡充されたことが採用活動に影響を与えた可能性を指摘する一方、そ
の影響はわずかで失業率に違いはなかったとまとめている。

　また、Abraham and Rendell（2023）も失業保険など社会的セーフティー
ネットの拡充について「パンデミック初期に行われた研究では一般的に雇用

への影響は小さいか存在しない」と紹介したうえ、パンデミック後の労働参加率の低下は新型コロナウイルス感染症への恐怖心や感染後の後遺症の影響もあるが、高齢化や高学歴化など人口動態の変化が主因だと結論づけている[8]。

Amiti et al.（2023）も労働参加率の低下は高齢化が主因と分析しており、積極的なマクロ経済政策、特に失業保険を含む社会的セーフティーネットの拡充が労働者の退出を促し、それが労働需給のひっ迫を通じて賃金の伸び加速につながったとの批判には十分な裏付けがあるとはいえない。

4 結　語

パンデミックに伴うグローバル景気後退後の世界経済は過去のそれと異なり、1人当り実質GDPや名目賃金、実質雇用者報酬の伸び率の下方シフトはみられなかった。1人当り実質GDPがグローバル景気後退に陥る前の成長軌道へ回帰していることも確認できた。また、倒産件数が減少したこともあり、労働市場も順調に回復した。これらが需要ショックではなく、供給ショック後に実現したことも特筆に値する。

特に米国のマクロ経済政策は米国以外のG5の国々に比べ、初動の早さと規模、その巻き戻しのタイミング、ポリシーミックスの一貫性の観点で優れており、それがパンデミック以降の良好な経済パフォーマンスにつながったといえる。従来は低賃金だった職種の賃金が最も積極的に引き上げられ、スキルや人種間の格差も縮小したことも注目に値するだろう。

一方、米国以外の国々は金融環境が十分に緩和的でなかったことに加え、民間部門に対する支援が十分に機能しなかったこと（ドイツ）や、財政政策の拙速な巻き戻し（日本、英国）が景気回復の相対的な足取りの重さの一因

8　ただし、労働時間は減少。この点について、Shin（2023）は高学歴の若年男性、高所得者、長時間労働者の労働時間が減少しているとしたうえで、在宅勤務の導入やライフワークバランスの見直しが原因である可能性を指摘している。このことは、「コト消費」需要の増加とも整合的である。

となったと考えられる。特に日本はポリシーミックスの乱れがパンデミック以降の経済パフォーマンスの悪さにつながった。

　なお、ドイツのインフレ率が米国よりも高いという事実は、積極的なマクロ経済政策が過度なインフレを引き起こすという批判に根拠が乏しいことを示す。もちろん、米国でもインフレ率はFRBが目標とする水準を上回っており、筆者も無条件に米国を称賛するつもりはない。特に積極的なマクロ経済政策を巻き戻すタイミングなど、運営には改善の余地があると考えている。

　それでも、積極的なマクロ経済政策で高圧経済を実現することは、慎重なマクロ経済政策よりも実体経済によい影響を及ぼし、景気後退に伴う痛みを最小限に抑えることが可能という意味で優れている。

〈参考文献〉

カーメン・M・ラインハート＆ケネス・S・ロゴフ著、村井章子訳（2011）『国家は破綻する　金融危機の800年』日経BP社、34頁、327〜347頁

国立感染症研究所（2020）「〈注目すべき感染症〉新型コロナウイルス感染症（COVID-19）」IDWR 2020年第21号（https://www.niid.go.jp/niid/ja/2019-ncov/2487-idsc/idwr-topic/9669-idwrc-2021.html）

財務省（2023）「財政制度等審議会 財政制度分科会（令和5年4月14日開催）資料4財政総論」③（参考）米国の「財政インフレ」の議論（https://www.mof.go.jp/about_mof/councils/fiscal_system_council/sub-of_fiscal_system/proceedings/material/20230414zaiseia.html）

平野純一（2022）「コロナ財政支援1900兆円で膨らむ"インフレ疑心暗鬼"」毎日新聞経済プレミア

Abraham, K. and Rendell, L. (University of Maryland) (2023) "Where are the missing workers?," *Brookings Papers on economic activity BPEA Conference Drafts, March 30–31, 2023*

Albert, S., Lofton, O., Petrosky-Nadeau, N. and Valletta, R.G. (2022) "Unemployment Insurance Withdrawal," *FRBSF Economic Letter*

Amiti, M., Heise, S., Topa, G. and Wu, J. (2023) "What has driven the labor force participation gap since February 2020?," *Liberty Street Economics*

Bernanke, B. and Blanchard, O. (2023) "What Caused the U.S. Pandemic-Era Inflation?," *Hutchins Center on Fiscal & Monetary Policy at BROOKINGS*

Guerrieri, V., Lorenzoni, G., Straub, L. and Werning, I. (2020) "Macroeconomic

Implications of COVID-19: Can Negative Supply Shocks Cause Demand Shortages?," NBER Working Paper Series 26918

Hong, G.H. and Lucas, D. (2023) "COVID Credit Policies Around the World: Size, Scope, Costs and Consequences," *Brookings Papers on economic activity BPEA Conference Drafts, March 30–31, 2023*

IMF Fiscal Monitor (2021a) "Strengthening the Credibility of Public Finances," October 2021

IMF (2021b) "Policy Responses to Covid-19" (https://www.imf.org/en/Topics/imf-and-covid19/Policy-Responses-to-COVID-19#:~:text=The%20government%20adopted%20two%20support,sovereign%20guarantees%20and%20tax%20deferrals.)

IMF World Economic Outlook (2021c) "Managing Divergent Recoveries," April 2021, p18–19

Mitchell, J., Weber, L. and Cambon, S.C. (2021) "4.3 million workers are missing. Where did they go?," *WSJ October 14, 2021*

Powell, J.H (2022) "Inflation and the Labor Market," *At the Hutchins Center on Fiscal and Monetary Policy, Brookings Institution, Washington, D.C.*

Shin, Y. (2023) Slide for BPEA Spring 2023 conference (https://www.brookings.edu/wp-content/uploads/2023/02/1c_YShin_slides_12pm.pdf)

The World Bank (2019) "A Decade after the Global Recession: Lessons and Challenges for Emerging and Developing Economies," November 2019, pp8–10, pp.64–70

The World Bank (2023) "Databank," World Development Indicators May 2023 (https://databank.worldbank.org/home.aspx)

おわりに

　本書の目的は、金融財政両面から経済を需要超過気味にすることは、多くの素晴らしいことをもたらすと示すことにある。そして、その目的は果たされたと思っている。

　本書は景気循環学会高圧経済部会のプロジェクトとして計画された。部会としては高圧経済の多様な側面を考える研究会を、2022年6月30日より3カ月に1回程度、開催してきた（6月30日、9月7日、12月7日、2023年4月6日、7月5日に開催）。と同時に、この高圧経済という概念について、ややアカデミックな観点から整理したいという考えが生まれた。高圧経済が、経済を長期的にも改善する経路を特定し、その経路ごとに論文を集め、各論文が高圧経済の意義を有機的に説明するような本を出版したいとの考えに至った。

　そこで、各章の執筆者を考えるとともに、景気循環学会に、高圧経済研究論文集の執筆者を2022年10月に募集し、本書の執筆者を確定した。

　2022年11月17日、12月20日、2023年1月19日、2月13日、3月23日と5回の研究会を開催し、執筆者同士、討論者との議論によりまとめたのが本書である。また、リアルの議論に加え、ネットを通じた相互の議論により内容をより深めることができた。

　相互の議論は、それぞれの執筆部分の質を高めるうえできわめて有益であったが、本書の内容について、すべての執筆者が合意しているわけではない。たとえば、原田は第1章第2節(2)の地域経済の分析の一部と第9章の楽観的な書きぶりについて疑問をもっている。

　執筆者に加えて、特に、川井徳子ソーシャル・サイエンス・ラボ専務理事、柿埜真吾高崎経済大学非常勤講師のコメントは貴重だった。金融財政事情研究会の赤村聡氏には本書をより良いものにするためにご尽力いただいた。

　以上すべての方々に心から感謝したい。

2023年10月

原田　　泰・飯田　泰之

事 項 索 引

高圧経済とは何か

2023年11月29日　第1刷発行
2024年 2 月14日　第2刷発行

編著者　原　田　　　泰
　　　　飯　田　泰　之
発行者　加　藤　一　浩

〒160-8519　東京都新宿区南元町19
発　行　所　一般社団法人 金融財政事情研究会
出　版　部　TEL 03(3355)2251　FAX 03(3357)7416
販売受付　TEL 03(3358)2891　FAX 03(3358)0037
URL https://www.kinzai.jp/

校正：株式会社友人社／印刷：三松堂株式会社

ISBN978-4-322-14370-6